Gestão de estratégias:
uma nova abordagem
de planejamento

DIALÓGICA

O selo DIALÓGICA da Editora InterSaberes faz referência às publicações que privilegiam uma linguagem na qual o autor dialoga com o leitor por meio de recursos textuais e visuais, o que torna o conteúdo muito mais dinâmico. São livros que criam um ambiente de interação com o leitor – seu universo cultural, social e de elaboração de conhecimentos –, possibilitando um real processo de interlocução para que a comunicação se efetive.

EDITORA
intersaberes

Gestão de estratégias: uma nova abordagem de planejamento

Rodrigo Marques de Morais
Thiago de Sousa Barros

EDITORA intersaberes

Rua Clara Vendramin, 58
Mossunguê,
Curitiba, Paraná, Brasil
CEP 81200-170
Fone: (41) 2106-4170
www.intersaberes.com
editora@editoraintersaberes.com.br

Conselho editorial
Dr. Ivo José Both (presidente)
Dr.ª Elena Godoy
Dr. Nelson Luís Dias
Dr. Neri dos Santos
Dr. Ulf Gregor Baranow

Editor-chefe ~ Lindsay Azambuja

Editor-assistente ~ Ariadne Nunes Wenger

Projeto gráfico ~ Raphael Bernadelli

Capa ~ Luana Machado Amaro (*design*)
~ airn, Anton Khodakovskiy, Oskari Porkka, Ratarfair, sharohyip, sittitap e somjade dachklung/ Shutterstock (imagens)

Diagramação ~ Fabiola Penso

Informamos que é de inteira responsabilidade dos autores a emissão de conceitos.

Nenhuma parte desta publicação poderá ser reproduzida por qualquer meio ou forma sem a prévia autorização da Editora InterSaberes.

A violação dos direitos autorais é crime estabelecido na Lei n. 9.610/1998 e punido pelo art. 184 do Código Penal.

Dados Internacionais de Catalogação na Publicação (CIP)
(Câmara Brasileira do Livro, SP, Brasil)

Morais, Rodrigo Marques de

   Gestão de estratégias: uma nova abordagem de planejamento/ Rodrigo Marques de Morais, Thiago de Sousa Barros. Curitiba: InterSaberes, 2017.

   Bibliografia.
   ISBN 978-85-5972-392-2

   1. Administração de empresas 2. Planejamento empresarial 3. Planejamento estratégico I. Barros, Thiago de Sousa. II. Título.

17-03594   CDD-658.4012

Índices para catálogo sistemático:
1. Negócios: Gestão estratégica: Administração de empresas 658.4012
2. Planejamento estratégico: Administração de empresas 658.4012

1ª edição, 2017.
Foi feito o depósito legal.

Sumário - 5

Apresentação - 9

1. Revisitando o planejamento - 13

2. A natureza do processo do planejamento estratégico - 27
   2.1   O planejamento estratégico empresarial - 30
   2.2   Do planejamento à gestão estratégica - 31

3. Os estilos de gestão e a globalização - 45
   3.1   A globalização e seus efeitos - 54

4. O consumidor final: um alvo do planejamento estratégico - 69
   4.1   Uma alegoria sobre o planejamento estratégico e a conjuntura externa - 73

5. O modelo RMM (*Real Management Model*) - 85
   5.1   Desmitificando o modelo RMM - 90
   5.2   As bases teóricas do modelo RMM - 95
   5.3   A identidade organizacional - 109
   5.4   O diagnóstico estratégico - 115

6. A formulação de objetivos por meio do modelo RMM ~ 141
   6.1 A formulação e a gestão das estratégias ~ 149

7. A definição estratégica no modelo RMM ~ 151

8. O planejamento estratégico no século XXI ~ 181
   8.1 A inteligência empresarial: estratégia e sistemas de informação ~ 193

9. A recente literatura sobre *estratégia* ~ 213

Para concluir... ~ 237

Referências ~ 247

Respostas ~ 269

Sobre os autores ~ 281

A estratégia sem tática é o caminho mais lento para a vitória.
Tática sem estratégia é o ruído antes da derrota.

Sun Tzu[*]

Na estratégia, decisiva é a aplicação.

Napoleão Bonaparte[**]

---

[*] Tzu (2006).
[**] Citado por Fernandes (2012).

Apresentação

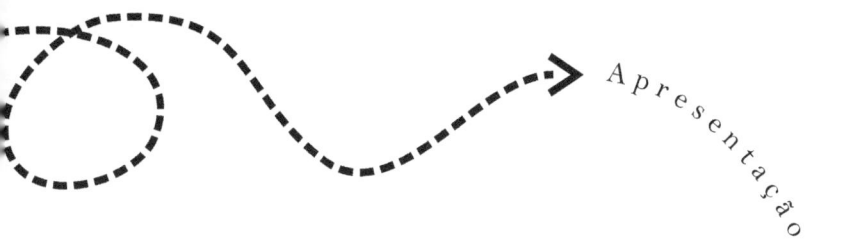

Apresentamos, neste livro, uma nova proposição para estudantes universitários, colaboradores de empresas, planejadores institucionais de organizações diversas e proprietários de empreendimentos. Para isso, partimos dos precedentes históricos das teorias de gestão, passamos pela gênese do planejamento estratégico e por seu aperfeiçoamento e chegamos ao **modelo RMM** (*Real Management Model*) e as implicações da gestão estratégica no século XXI.

Em linhas gerais, percorremos o arcabouço teórico existente a fim de subsidiar os capítulos com conteúdo robusto e consistente, destacando os principais pesquisadores e autores que discorreram sobre essa temática. Avançamos nessa senda ao propormos um modelo inovador capaz de contemplar uma gama de variáveis e simplificar o planejamento estratégico nas empresas por meio do RMM.

Trata-se de uma nova abordagem acerca de uma matéria fundamental para a competitividade das empresas, uma vez que não se restringe às análises dos modelos até agora formulados, os quais, em sua maioria, foram desenvolvidos nos anos de 1970, em outros países. Essa característica reforça a relevância deste livro e as importantes contribuições que ele oferece, como a linguagem utilizada e os diversos estudos de caso que consideram a realidade empresarial brasileira (diferentemente das obras importadas, nas quais os estudos de caso retratam apenas a realidade de outros países).

Destarte, no Capítulo 1, apresentamos o conceito de planejamento e seus matizes, com vasto levantamento das teorias existentes, cada qual com sua abordagem específica: científica, clássica, das relações humanas, burocrática, neoclássica, sistêmica e contingencial.

A *posteriori*, no Capítulo 2, tratamos da evolução que permitiu avançar do planejamento estratégico à gestão estratégica, trazendo, assim, um novo olhar sobre essa temática.

Por conseguinte, no Capítulo 3, buscamos aprofundar o estudo nos aspectos relacionados aos distintos estilos de gestão (burocrática ou empreendedora), dado que o modelo adotado interfere de forma direta no processo de implementação do planejamento estratégico.

No Capítulo 4, o foco central recai sobre o consumidor, alvo principal do planejamento estratégico das empresas.

O Capítulo 5 traz o detalhamento do modelo RMM – metodologia na qual se desenvolve um conjunto de ações simultâneas, interdependentes e sequenciais. Para isso, abordamos o conceito de identidade organizacional ou empresarial, além de analisarmos as duas primeiras etapas necessárias à realização do planejamento com o modelo RMM: a primeira etapa, baseada nos conceitos de qualidade total, e a segunda, que se refere ao diagnóstico estratégico.

Os resultados dos estudos examinamos no capítulo anterior servem de insumo ao terceiro passo, que consiste na elaboração dos prognósticos pela formulação de objetivos estratégicos, apresentados no Capítulo 6, os quais devem estar em consonância com alguns cenários alternativos de ambiência futura.

No Capítulo 7, descrevemos a quarta fase do modelo, que consiste na formulação das estratégias, ou seja, em cogitar e delinear os caminhos que devem ser seguidos de forma integrada pela organização, de forma a viabilizar o alcance dos objetivos estratégicos estabelecidos na etapa anterior. Cada estratégia necessita ser desdobrada em um ou mais planos operacionais ou planos de ação, que devem ressaltar detalhadamente os aspectos quantitativos de sua implantação: orçamentos, cronogramas, fluxogramas etc.

Na quinta etapa, são elaborados os planos operacionais, de ação ou de trabalho, que se conectam ao plano estratégico. Finalmente, tanto a capacidade de previsão quanto a de alcançar resultados em todos os níveis da organização são checadas. É a fase de acompanhamento do processo de gestão estratégica, na qual é avaliada a consistência do plano estratégico por meio do acompanhamento dinâmico ou *follow-up* das eventuais discrepâncias entre os resultados almejados e os efetivamente atingidos. No Capítulo 8, enfocamos o planejamento estratégico no século XXI e expomos os desafios do contexto contemporâneo, promovendo uma reflexão acerca das discussões teóricas e metodológicas dispostas em capítulos anteriores, considerando-se o cenário atual.

Por fim, no Capítulo 9, apresentamos uma ampla revisão da literatura recente sobre estratégia com o intuito de demonstrar a relevância da temática na alçada internacional e analisar os principais tópicos pesquisados pela academia, com implicações para a vertente empresarial.

Ao final da maioria dos capítulos, são apresentadas algumas questões para revisão, propostas para facilitar a compreensão dos assuntos abordados e permitir uma melhor internalização, por parte do leitor, dos conteúdos tratados.

Esperamos que este possa ser considerado um novo passo na direção do estudo dos instigantes temas do planejamento e da gestão, para os quais estarão, sem dúvida, convergindo os campos das novas tecnologias gerenciais e da informação.

Boa leitura!

Revisitando o planejamento

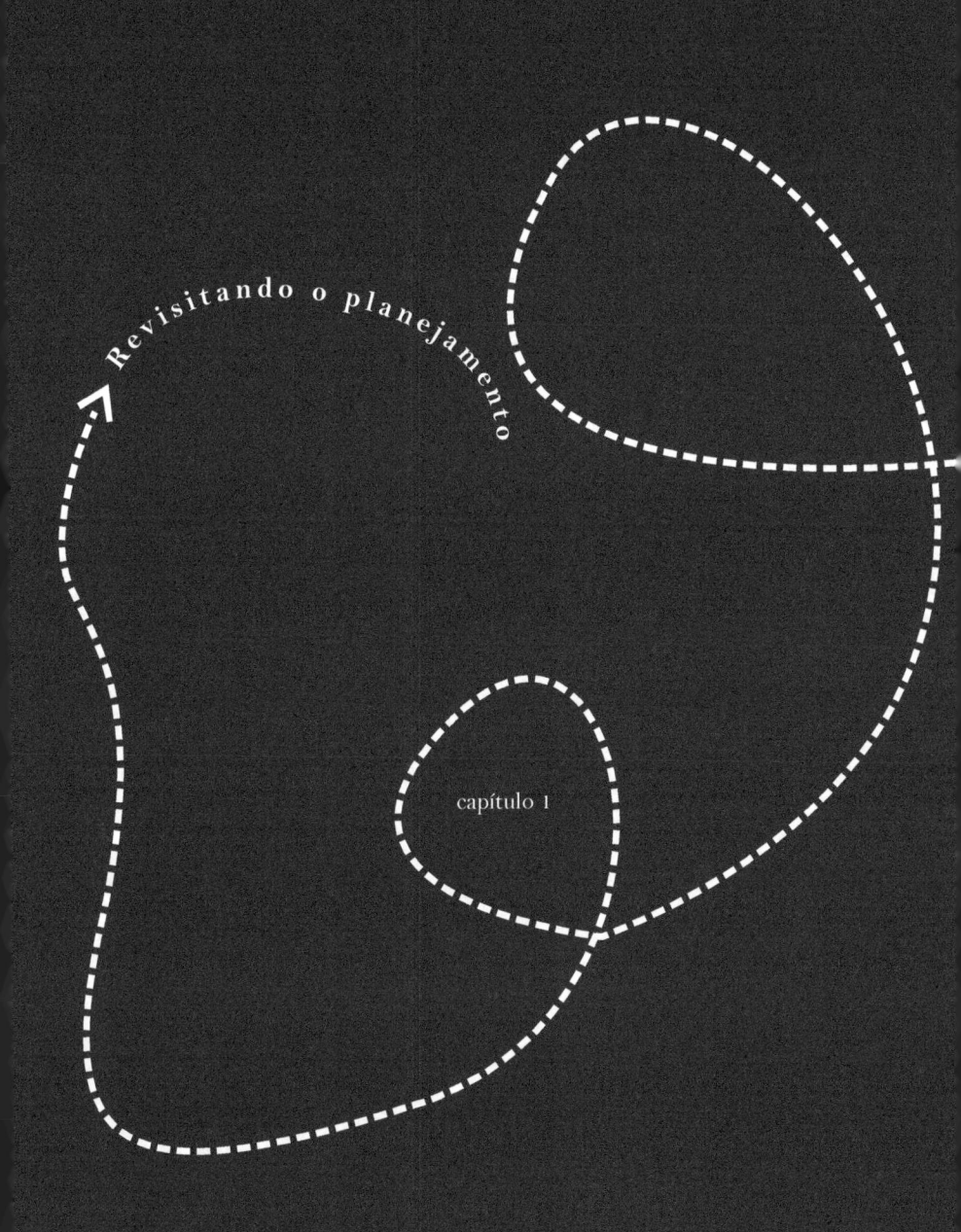

capítulo 1

> *Ou você tem uma estratégia própria, ou então é parte da estratégia de alguém.*
>
> Alvin Toffler*

Embora a necessidade de planejar já existisse entre os egípcios desde 4400 a.C., segundo pesquisadores, ela só começou a ser discutida na teoria organizacional a partir de 1911, com a publicação do vade-mécum intitulado *The Principles of Scientific Management* (*Princípios da administração científica*), de Frederick Taylor (Taylor, 1911), no qual encontramos a ênfase nas vantagens de se separar o processo de planejamento do processo de execução.

Taylor propugnava, já no começo do século XX, pela necessidade da existência de uma sala junto ao chão de fábrica, a fim de se planejar o aumento da eficiência dos processos produtivos. Durante as primeiras décadas daquele século, a teoria administrativa enfocou o planejamento apenas sob o prisma da eficiência das operações, embora Henry Ford, ao introduzir a linha de montagem na Ford Motor Corporation, tenha planejado também a viabilização do escoamento da produção, por meio da estratégia de pagar cinco dólares por dia (*five-dollar day*) aos operários (casados, religiosos e que não bebessem) que estariam, assim, habilitados a se tornar potenciais consumidores dos "fordecos" da época** (Taylor, 1911).

---

* Toffler (1985).

** Remonta a esse período a fabricação do modelo T, que ficou famoso na célebre e quase folclórica frase paradoxal cunhada por Henry Ford: "O carro é disponível em qualquer cor, contanto que seja preto." (Kotler; Kartajaya; Setiawan, 2010, p. 4).

Com relação à abordagem clássica sobre a gestão administrativa, Henri Fayol – engenheiro de minas de origem francesa e autor da obra *Administração industrial e geral* (originalmente designada *Administration industrielle et générale: prévoyance, organisation , commandement, coordination, controle*), editada em 1916 por iniciativa do International Management Institute (Genebra), trazendo importantes contribuições para o desenvolvimento e para a consolidação do conhecimento científico moderno em administração – abordou a dinâmica que açambarcava a um só tempo as funções de **prever, organizar, comandar, coordenar** e **controlar** (Fayol, 1994, 2002, 2003).

Prever, segundo Fayol (1994, p. 26), seria "perscrutar o futuro e traçar planos de ação". Assim, como podemos perceber, embora Fayol tratasse o planejamento como previsão, estavam lançadas as sementes do **processo de planejamento** nas organizações.

Nos anos de 1930, a abordagem behaviorista, cujo objeto de estudo é o comportamento dos indivíduos e o impacto das características psicológicas e sociais dos trabalhadores no panorama organizacional, foi o suporte para a teoria administrativa e representou uma ruptura dos paradigmas prevalentes, na medida em que introduziu, como unidade de análise, a estrutura informal nas organizações. Alguns precursores dessa abordagem, como Mary Parker Follet* e Elton Mayo**, conceberam a fábrica como um sistema social e, dessa forma, o processo de planejamento seria evocado objetivando melhorar o desempenho dos grupos envolvidos no processo produtivo (Mayo, 1930, 1933, 1949; Graham, 2003).

* Notável pesquisadora norte-americana, conhecida como *profeta do gerenciamento*, concentrou suas publicações em dois temas essenciais: a resposta circular – relativa à ideia de que a relação entre dois indivíduos sofre constante mutação, dado que o mero contato entre eles já é capaz de alterar a forma como um enxerga o outro – e o conflito construtivo – referente ao entendimento de que as divergências são fundamentais por revelarem a existência de diferentes opiniões que, a qualquer momento, emergiriam e se manifestariam, seja de forma positiva, seja de forma negativa (Graham, 2003).

** Cumpre destacar, *in limine*, que o australiano Elton Mayo, cientista social, foi líder de uma pesquisa-experimento iniciada em 1927 e conduzida na fábrica da Western Electric Company, situada em Hawthorne, distrito de Chicago (por isso designada *experiência de Hawthorne*), que impulsionou o desenvolvimento da **teoria das relações humanas**. Com o objetivo primário de estudar o impacto da iluminação na produção dos empregados, terminou por investigar a fadiga, a rotatividade destes, os acidentes de trabalho e a influência das condições físicas de trabalho sobre a produtividade dos empregados da firma. A pesquisa chegou a algumas conclusões importantes, a saber: a integração social entre os trabalhadores afeta o nível de produção, ou seja, quanto maior a capacidade social do trabalhador, melhor seu desempenho; o comportamento individual do empregado está apoiado no grupo (comportamento social); as recompensas ou sanções sociais interferem diretamente na motivação do trabalhador para executar seu trabalho (necessidade de reconhecimento e aprovação pelo meio social); existem grupos informais no âmbito da fábrica que criam regras próprias (valores sociais, objetivos, recompensas e sanções), que são absorvidas pelo trabalhador, sendo refletidas em seus comportamentos; as relações humanas compreendem essas ações realizadas mediante o contato entre os indivíduos e o grupo no qual estão inseridos, tendo eles liberdade para emitir suas opiniões e manifestar-se; a moral de um trabalhador é afetada pelo conteúdo e pela natureza das atribuições do cargo que exerce; as emoções e os sentimentos devem ser levados em consideração dentro da organização, pois afetam o desempenho individual e o do grupo de trabalhadores (Mayo, 1930, 1933, 1949).

O processo de planejamento foi ganhando vulto – saiu do chão de fábrica, ampliou seu horizonte de abordagem e passou a figurar como a função administrativa principal, que serviria de base às demais.

Durante as décadas de 1940 e 1950, apesar da grande importância da contribuição de autores das ciências do comportamento que se debruçaram sobre os aspectos informais que impactavam os resultados das organizações, a ciência administrativa começou a mover-se no sentido da abordagem neoclássica, concentrada na busca de resultados por meio dos processos administrativos.

Profundamente eclética, essa abordagem absorveu o conteúdo das anteriores, enfatizando sempre a busca de resultados nas ações de planejamento, organização, direção e controle. Sua contribuição, com relação às características de planejamento, pode ser assim sintetizada: trata-se de um processo contínuo, sempre voltado para o futuro, com vistas à racionalidade das tomadas de decisão; é sistêmico, interativo e, ainda, uma técnica de coordenação, mudança e inovação (Motta; Vasconcelos, 2006; Chiavenato, 2014).

A partir da Segunda Guerra Mundial, à medida que o processo de transformação da sociedade se acelerou, autores da escola neoclássica começaram a pesquisar a relação entre instabilidade organizacional e características do processo administrativo. Durante a guerra, valiosas contribuições da matemática e da pesquisa operacional como ferramenta para análise dos processos decisórios foram elaboradas: a teoria dos jogos de Neumann e Morgenstern, em 1944, e os trabalhos de Wald e Savage empregaram a estatística no processo decisório e propugnaram a existência de decisões programáveis e não programáveis. Dessa forma, foi aberto um campo enorme para utilização dos "cérebros eletrônicos" que tornariam exequível a aplicação de modelos matemáticos, que, pelos meios corriqueiros, demandariam anos para serem processados (Neumann; Morgenstern, 1944; Wald, 1945, 1950; Savage, 1951; Giocoli, 2004).

Nos anos 1950, o enfoque no ambiente como importante unidade de análise passou a ser o *must* da teoria administrativa, com a entrada em cena da **teoria geral dos sistemas**, uma abordagem do biólogo Bertalanffy, assimilada por quase todos os campos das ciências (Bertalanffy, 1950a, 1950b). Seus conceitos foram incorporados por precursores na ciência administrativa: Katz e Kahn trabalharam a interdependência dos subsistemas, e Buckley enfocou as ideias de energia *versus* informação, bem como de hierarquia de sistemas (Katz; Kahn, 1987; Buckley, 1971).

Destarte, a abordagem sistêmica do processo administrativo colocou em xeque diversos princípios anteriores estabelecidos pelo modelo burocrático, desenvolvido por Max Weber e criticado por Bennis, que apontou o caráter introvertido, formal, restrito, limitado, hermético e monolítico desse modelo (Bennis, 1976).

Na década de 1960, cientistas americanos desenvolveram trabalhos enfatizando o planejamento de organizações ou, como ficou conhecida, a abordagem do desenvolvimento organizacional, que agregou conceitos importantes para o planejamento, tais como: meio ambiente, turbulência ambiental, cultura, desenvolvimento, interação e mudança organizacional (Motta; Vasconcelos, 2006; Chiavenato, 2014).

Entre outras contribuições dessa linha, destacam-se as de Lawrence e Lorsch, que abordaram os agentes de mudança e a estratégia educacional das organizações, e as de Simon, que salientou ser a decisão mais importante que a execução que a sucede e introduziu os conceitos de transações planejadas com o ambiente (Lawrence; Lorsch, 1973; Simon, 1960, 1978, 1979, 1986, 1987, 1987, 1990, 1999; Simon et al., 1987).

Enquanto a maioria da literatura em língua portuguesa tratava o processo de planejamento em uma perspectiva quase sempre macroeconômica, distanciando-o do enfoque organizacional, Ackoff (1974) deu ênfase à pesquisa operacional e às ciências do comportamento em sua obra-prima *Planejamento empresarial*, publicada no Brasil em 1974, colaborando decisivamente para o enriquecimento do conhecimento da época. Entre alguns conceitos originais introduzidos pelo autor, destacamos:

> *Planejamento é um processo que se destina a produzir um ou mais estados futuros desejados, que não deverão ocorrer, a menos que alguma coisa seja feita. O planejamento, portanto, se preocupa tanto em evitar ações incorretas quanto em reduzir a frequência dos fracassos ao se explorar as oportunidades.* (Ackoff, 1974, p. 12)

Assinalamos também uma colocação bastante pragmática do autor, para o qual a necessidade de planejamento é tão óbvia e grande, que é difícil para qualquer pessoa se opor a ela. Porém, é ainda mais difícil tornar tal planejamento útil (Ackoff, 1974). Ainda conforme o autor,

> *O planejamento, portanto, tem um componente pessimista e um otimista: o pessimismo está na crença de que, se nada se fizer, o estado futuro não deverá ocorrer e o otimismo está na crença de que alguma coisa pode ser feita para aumentar a probabilidade de que o estado futuro desejado venha a ocorrer.* (Ackoff, 1974, p. 21)

Enquanto, para Ackoff, as propriedades sistêmicas do planejamento provavam que não se trata de um ato, e sim de um processo, outros autores, como Ansoff, introduziram conceitos interessantes, caso, por exemplo, do horizonte estratégico, no qual são observadas características das decisões planejadas (Ansoff, 1977; Ansoff; Declerck, 1981).

Para autores considerados modernos, como Steiner, o processo de planejamento trata do exame dos cursos de ação alternativos que podem se apresentar a uma empresa no futuro, sendo, portanto, um processo que se inicia na determinação dos objetivos e inclui ainda, a definição de estratégias, políticas e planos, o estabelecimento de um sistema de decisões e revisão dos objetivos para um novo ciclo de planificação (Steiner, 1969).

A partir do fim da década de 1970, com o deslocamento da hegemonia do paradigma industrial para o tecnológico, os conceitos de informação e de organização foram sendo desenvolvidos em paralelo. A introdução dos sistemas informatizados, associados aos robôs na linha de montagem e aos sistemas de controle numérico, rompeu com o antigo elo estabelecido na apuração dos processos: manualização, racionalização e mecanização.

Dessa forma, com base na necessidade prática de aceleração dos acelerados os processos de produção e de distribuição de bens, surgiu, para a criação de riqueza, a demanda por informações, dependentes, cada vez mais, da troca de dados, da capacidade de obter informações externas e do conhecimento sobre outras organizações e sobre outros mercados.

Dessa fusão de conceitos emergiu, na sociedade de informações, uma série de metodologias, tais como: o planejamento estratégico de sistemas de informação, os EISs (*Executive Information Systems*), os MISs (*Management Information Systems*), a engenharia de informações, a inteligência organizacional, as unidades estratégicas de negócio e o monitoramento de fatores ambientais críticos.

Muita tecnologia foi disponibilizada em função de novas gerações de *softwares* para criar bancos de dados, sistemas de redes, de satélites e de infovias, bem como de *hardwares* cada vez mais dinâmicos no processamento de dados, imagens e sons.

Temos assistido, nos últimos tempos, a uma desejada discussão a respeito do conhecimento como instrumento legítimo de soberania, para fazer frente a duas tendências paradoxais e concomitantes que estão atuando em nossa sociedade, a globalização e a segmentação de mercados, fazendo com que novas abordagens passem a considerar estratégias do tipo "pense globalmente e aja localmente", ideia comumente atribuída a Jane Goodall, importante antropóloga inglesa.

Toffler (1985, 2007) já previa que, cada vez mais, o valor agregado aos bens e serviços viria do conhecimento e este obtido por meio da constante inovação. Assim, a cada dia, o capital e o trabalho agregariam menor valor, comparativamente, ao conhecimento.

Na virada do século XX para o XXI, deparamo-nos com uma efervescência de categorias, de parâmetros, de princípios e de teorias que tornam cada vez mais interligados os sistemas de conhecimento. Caos, *autopoiese*[*], auto-organização, acontecimento, complexidade, interatividade, conexionismo, irreversibilidade, acaso e catástrofe são algumas referências que recortam certos aspectos de realidades específicas, mas são também instrumentos integradores de campos do conhecimento, produtores de objetos de conhecimento múltiplo.

---

[*] O epíteto *autopoiese* ou *autopoiesis*, do grego *auto*, "próprio", e *poiesis*, "criação", cunhado pelos biólogos e filósofos de origem chilena Francisco Varela e Humberto Maturana, ainda na década de 1970, designa a capacidade dos seres vivos de produzirem a si próprios. A teoria formulada por esses pesquisadores preconiza que um ser vivo é um sistema autopoiético, que compreende uma rede fechada de produções moleculares em que as moléculas produzidas concebem com suas interações a mesma rede de moléculas que as produziu. Sob esse enfoque, a manutenção da *autopoiese* e da adaptação de um ser vivo ao seu meio configura condições sistêmicas para a vida. Destarte, o sistema vivo tem como características a autorreprodução, a autorregulação e a constante interação com o meio. Transplantado da perspectiva biológica para outros âmbitos, o termo foi utilizado em diversas outras áreas, sendo Niklas Luhmann o responsável por aplicar a expressão *autopoiese* no campo das ciências sociais, partindo da premissa fundamental de que o meio social também é um sistema organizado e autossuficiente, prevalecendo a circularidade configuracional na constituição de seus componentes, uma vez que estes estão rigorosamente interconectados e são mutuamente interdependentes.

Muitas dessas referências já compõem parte da reflexão do campo da administração, e outras, certamente pela sua relevância, serão incorporadas a ele. Com base no pressuposto de que vivemos em uma sociedade composta por organizações nas quais a maioria das pessoas está inserida, a teoria geral da administração objetiva formular proposições em função do contexto histórico e orientar o desenvolvimento de habilidades conceituais para diagnosticar situações, discernir o que fazer diante dos diversos contextos, dimensionar recursos necessários e gerar inovações e vantagens competitivas.

Para Katz (1974), existem três tipos de habilidades importantes que precisam ser combinadas para o desempenho bem-sucedido de um administrador:

1. **Técnicas**: contabilidade, programação, engenharia etc.
2. **Humanas**: relacionamento interpessoal, comunicação, cooperação.
3. **Conceituais**: relativas às capacidades cognitivas mais sofisticadas – pensar, raciocinar, ter visão da organização como um todo e seu relacionamento com o ambiente.

Apesar do fato de que, à medida que escala os níveis organizacionais, um administrador precisa ampliar suas habilidades conceituais para não limitar sua empregabilidade, ele tem de desenvolver também três tipos de competência pessoal: saber, saber fazer e fazer com que façam, ou seja, conhecimento, perspectiva e atitude.

O **conhecimento** é o acervo de informações atualizadas e recicladas. A **perspectiva** é a habilidade de colocar o conhecimento em ação, de diagnosticar situações e perceber oportunidades e soluções. E, finalmente, a **atitude** é o estilo pessoal de fazer as coisas acontecerem por meio de liderança ativa e proativa e de uma comunicação eficaz.

Mintzberg (1973)* prefere identificar dez papéis específicos do administrador, divididos em três categorias: papéis interpessoais (representação, liderança e ligação, que representam características de como o administrador interage), papéis informacionais (monitoração, disseminação e porta-voz, que refletem como o administrador troca e processa informações) e papéis decisórios (empreendedor, mediador na resolução de conflitos, alocador de recursos e negociador, que preconizam a capacidade do administrador em utilizar essas informações no processo de tomadas de decisão).

Entretanto, administrar é mais que supervisionar recursos, pessoas e atividades, afinal, quando tudo muda, não se trata apenas de manter a situação, é preciso inovar e renovar. O Quadro 1.1 é um resumo da evolução analisada.

---

* Vale apregoar que Mintzberg (1973) desenvolveu uma vasta pesquisa acerca da natureza do trabalho de cinco executivos em organizações de médio e grande porte – uma firma de tecnologia, uma empresa de consultoria, uma empresa comercial, um hospital e uma escola –, o que lhe permitiu, por meio da observação intensa (uma pesquisa de caráter qualitativo), acompanhar cada diretor durante uma semana e reunir uma gama de dados sobre características do trabalho de cada participante, além de detalhar o conteúdo de cada atividade de nível institucional desempenhada por esses administradores. Anos depois, Mintzberg (1991) conduziu a mesma pesquisa a fim de verificar como se dava o processo decisório dos diretores, confirmando vários atributos já identificados no trabalho inicial, uma obra que também vale a pena ser lida pelas valiosas contribuições que pode gerar.

QUADRO 1.1 – Síntese da evolução ocorrida na teoria administrativa

Abordagem	Representante	Unidade de análise	Dimensão estratégica
Científica	Taylor	A tarefa dentro do processo produtivo. A organização formal. *Homo economicus*.	A busca da eficiência, a racionalização do trabalho. *Best-way* (melhor maneira de fazer/produzir), salário condicionado à produtividade.
Clássica	Fayol	Os processos administrativos dentro da organização formal. *Homo economicus*.	A busca da eficiência por meio dos processos administrativos.
Relações Humanas	Elton Mayo	A estrutura informal da organização e dos agrupamentos humanos.	A busca da eficiência por meio do gerenciamento dos conflitos entre capital e trabalho.
Burocrática	Max Weber	A estrutura formal, as normas, os procedimentos e a competência técnica.	A busca da previsibilidade de resultados por meio da racionalização de todas as rotinas e da meritocracia.
Neoclássica	Drucker	Os processos administrativos: planejamento, direção, organização e controle. *Homo administrativus*.	O gerenciamento dos processos administrativos na busca dos objetivos organizacionais.
Sistêmica	Katz e Khan	A organização e seus subsistemas totalmente integrados ao macroambiente.	A maximização de resultados se dá por meio da busca da sinergia no processamento de seus insumos.
Contingencial	Lawrence e Lorch	A mudança ambiental condiciona as estratégias e as estruturas das organizações.	Os resultados estão principalmente condicionados pelas variáveis ambientais.

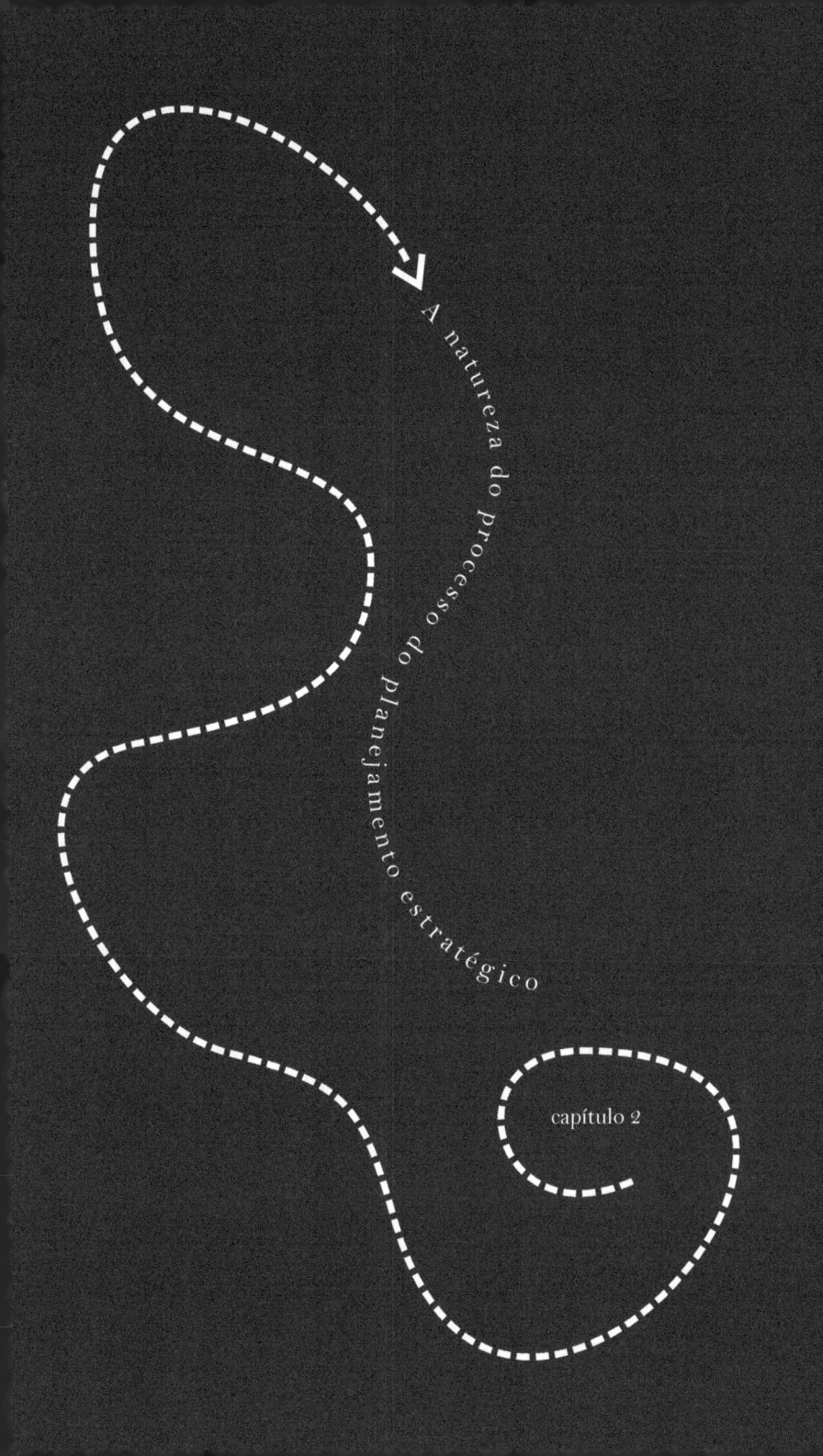

A natureza do processo do planejamento estratégico

capítulo 2

Uma empresa sem estratégia faz qualquer negócio.

Michael Porter*

Como destacamos no Capítulo 1, Ackoff assim se refere sobre a natureza do planejamento: "um processo de tomada de decisão presente, que se destina a produzir um ou mais estados futuros desejados, que não deverão ocorrer, a menos que alguma coisa seja feita" (Ackoff, 1974, p. 12-13).

Específico, antigo e quase que restrito às hostes militares, sobretudo nas utilizações em exercícios de guerra, o **planejamento estratégico (PE)** apresenta aplicações importantíssimas no campo da administração de organizações empresariais, podendo ser particularmente indicado àquelas que operam em ambiências de grandes incertezas.

Assim, no ambiente turbulento que caracteriza o espaço em que as organizações operam, verificamos que uma importante condição, até para a sua sobrevivência, está intimamente relacionada à clara definição da sua missão e dos seus objetivos e ao desenho antecipado dos possíveis caminhos a serem percorridos para atingi-los.

A estruturação de um processo de PE que dê suporte às necessidades de informação para as tomadas de decisão da alta administração de uma organização, enfatizando o contato ágil, frequente e contínuo dela com o seu ambiente, é a forma mais

---

* Porter (2004).

eficaz de se minimizar a probabilidade de que as mudanças se constituam em surpresa ou que "cheguem por acaso".

Percebemos, por conseguinte, que nas empresas o PE configura-se numa ferramenta que dá suporte ao processo de tomada de decisão que possibilita à cúpula das organizações, à luz de cenários de desenvolvimentos contingenciais de seu ambiente, avaliar, antecipadamente, os impactos sobre os resultados de algumas decisões que se cogitam tomar no presente.

2.1
O planejamento estratégico empresarial

Uma maneira inteligente de conviver com as recorrentes mudanças ambientais é tentar imaginar o futuro ou construí-lo mentalmente. Ackoff já assinalou que "a essência da sabedoria é a preocupação com o futuro [...] [ou] a capacidade de prever, a longo prazo, as consequências de ações atuais" (Ackoff, 1974, p. 1).

Dessa feita, expressões como "fazer acontecer", "mudar o futuro posicionando-se no presente", "ter pensamento antecipatório" e "influenciar o futuro" tornam-se relativamente conhecidas.

Não obstante, como forma de reduzir os riscos inerentes a todo e a qualquer processo decisório, por meio do processo de PE, procura-se avaliar, com antecedência, os possíveis impactos que seriam acarretados no futuro pelas decisões tomadas no presente.

Esse processo de avaliação antecipada possibilita analisar a adequação de determinadas decisões a tomar *vis-à-vis* algumas ambiências previamente consideradas. Cremos, portanto, que, em nível estratégico, o fulcro do processo seria o de se antever o futuro e, concomitantemente, preparar-se para ele. Diante disso, a flexibilidade do processo permite que as empresas se beneficiem de oportunidades existentes ou futuras a fim de se prevenirem de reais ou potenciais ameaças.

2.2
Do planejamento à gestão estratégica

Nas organizações, a **gestão estratégica (GE)** pode ser vista como um processo da alçada da alta administração que, tendo como parâmetro uma gama de condicionantes, **direciona** os objetivos organizacionais globais, cogita alternativas para seu alcance, acompanha de perto a dinâmica dos acontecimentos e posiciona-se sistematicamente durante todo o processo.

Trata-se, portanto, de um processo de gestão cogitado pelos níveis de cúpula que objetiva estabelecer de forma integrada o **rumo** a ser seguido pela organização, levando-se em conta diversas alternativas de seu posicionamento diante do ambiente.

Associado a noções de prazos (curto, médio e longo), esse processo ocupa o lugar que, no passado, era reservado a uma gestão menos flexível, calcada basicamente na premissa de que as condições vigentes manter-se-iam relativamente estáveis no futuro. Tal pressuposto tornou-se um fracasso quando a turbulência ambiental mostrou ser a variável mais significativa que caracteriza os momentos que ora vivenciamos.

Sob esse enfoque, importando basicamente estabelecer, a curto prazo, o que a organização deve fazer, a médio prazo, o que ela pode fazer e, a longo prazo, o que é preciso ser feito, esse processo de gestão poderia ser menos complexo se o ambiente e os diversos participantes envolvidos tivessem comportamento estável.

Dessa forma, o desafio real à implantação da GE nas organizações consiste na modulação de um sistema decisório que flui captando as turbulências externa e interna, articulando e priorizando as informações geradas e levando em consideração certos aspectos, tais como: potencialidades e vulnerabilidades de seu campo de atuação, características de seu domínio, estruturas formal e informal, nível e cultura organizacionais, tecnologia utilizada, sistemas de remuneração, comunicação e informação e, quase sempre, nas empresas familiares, os famosos conflitos entre propriedade e gestão.

Portanto, na implantação do processo de GE, não se podem perder de vista três aspectos cruciais: a relutância e a discordância no estabelecimento de objetivos empresariais globais pela alta administração e, nos demais níveis, a resistência em assumir compromissos e desafios decorrentes das mudanças.

Muito embora o PE, em concordância com os preceitos de Ackoff (1974), seja um processo contínuo de tomada de decisão, que leva em conta seus efeitos futuros em termos de objetivos desejados e meios para alcançá-los, a GE não se restringe às decisões e ao desenvolvimento de planos, mas envolve compromissos. Sem esse elemento, torna-se impossível estabelecer uma rede que "amarre" todo o processo de gestão. Por meio dessa "rede", o que era plano e desejo passa a materializar-se em resultado, configurando, assim, um sistema constituído de um conjunto de ações sequenciais e interdependentes.

Não fosse somente pelos resultados em termos do posicionamento que possibilita à organização que o utiliza, um dos subprodutos nevrálgicos e importantes da GE constitui-se também em outro processo, o de aprendizagem, que é gerado nas pessoas que nele se engajam.

De extrema valia, esse subproduto acarreta ganhos de assaz relevância para a organização, os quais se vinculam à visibilidade e à recirculação de conhecimentos entre os diversos subsistemas, que passam a perceber as capacidades e as fragilidades dos setores e da empresa como um todo.

Estudo de caso

Mocidade Independente de Padre Miguel[*]

Em 1999, com o intuito de retratar a complexidade cultural brasileira, o canal de TV a cabo GNT reuniu três conceituados documentaristas (João Moreira Salles, Arthur Fontes e Izabel Jaguaribe), três historiadores (Dorrit Harazim, Flávio Pinheiro e Marcos Sá Corrêa) e o escritor e jornalista Zuenir Ventura numa série intitulada *Histórias do Brasil*, para retratar o povo brasileiro. O último episódio, ou a sexta história, foi um documentário denominado *Ensaio geral*, que foi, literalmente, uma incursão por uma escola de samba do Rio de Janeiro. Assim, esse curta retratou a Mocidade Independente de Padre Miguel e demonstrou que, mais do que cores, harmonias, ritmos e mulheres bonitas, a organização que existe por trás de um desfile de menos de duas horas é o sentido da vida de muitos. O trabalho árduo e o carisma, principalmente de personagens como Mestre Jonas de Oliveira, um líder reconhecido da bateria, demonstram o outro lado da moeda.

Há muito tempo, o carnaval da Mocidade se profissionalizou. Para a comunidade de Vila Vintém, deixou de ser uma brincadeira de fevereiro e passou a ser o "maior *show* da Terra", que exige um tipo de empresariamento ativo, inovador e criativo. Na atualidade, a consecução dos objetivos globais da Mocidade reproduz o esquema empresarial, ou seja, além da visão de

[*] Ver Mocidade (1999).

futuro, requer o estabelecimento de estratégias da estrutura organizacional.

Em linhas gerais, verificamos que a estrutura da Mocidade apresenta diversos níveis organizacionais distintos: presidente, vice-presidente, carnavalesco, diretores, comissões de frente, destaques, bateria, passistas, mestre-sala e porta-bandeira, que interagem em torno de uma hierarquia de objetivos que compartilham a mesma visão e o clima de euforia e de cooperação, o que reduz a tensão interna e o potencial de conflitos.

Nesse processo, a figura do carnavalesco é estratégica. Ele orienta os participantes a se organizarem para se inter-relacionarem funcionalmente, para criarem o samba-enredo, as fantasias e alegorias, além dos temas para as alas componentes da escola de samba, e para projetarem e construírem os carros alegóricos.

Especificamente, em relação aos processos administrativos, o planejamento fica sob a responsabilidade de José Roberto e Renato Lage, que pensam no resultado final do conjunto da obra, mas não deixam de administrar o dia a dia da escola. Renato e sua esposa Márcia são os responsáveis pela gestão da criatividade. Elaboram os croquis das fantasias, dos adereços e dos bonecos que vão compor os carros alegóricos. Como os croquis são apenas esboçados, fica a cargo dos encarregados e dos confeccionistas boa parte da criatividade. Quem decide, por exemplo, se uma escultura vai ser feita de isopor, de madeira ou de ferro é o encarregado do serviço, e não Márcia ou Renato.

Com relação ao processo de organização, o escritório fica no barracão, lugar no qual as pessoas entram para tirar dúvidas, reclamar e até comer alguma coisa entre os intervalos das refeições, que são preparadas ao lado, na cozinha. O espaço lembra um pouco a própria casa das pessoas da comunidade de Vila Vintém e gera a sensação de que é o lugar onde encontram alguém que os escuta e lhes dá as dicas para a solução dos problemas de rotina.

Lá, também se resolvem as questões do dia a dia: pagamentos, controle de frequência, entre outras questões administrativas e rotineiras. Ao contrário das empresas, a sala de José Roberto fica localizada na entrada do barracão e acaba sendo um espaço de domínio público e de trânsito livre. Não há indicativo de *status* ou de espaço físico privilegiado que permita diferenciar comandante e subordinado.

No que tange à direção, o estilo é o de uma direção itinerante, já que não exige que ninguém vá até uma sala especial para discutir ou esclarecer com os diretores alguma dúvida. Ao contrário, eles estão sempre circulando e monitorando o andamento dos trabalhos e planejando modificações com os chefes de setores. Desse modo, a comunicação é feita de forma pontual e específica, o que torna o processo extremamente simples e eficaz. Com isso, os diretores ganham a adesão e o comprometimento dos participantes.

Os líderes têm grande preocupação em reconhecer os seguidores que revelem interesse ou habilidades acima do normal, que serão trazidos para junto deles e colocados em várias atividades diferentes, até se tornarem "generalistas de barracão". A personagem que mais chama atenção é José Renato, que recebe a consideração e o respeito de todos os colaboradores. Ali funciona a seguinte filosofia: quem sabe mais passa seus conhecimentos para aquele que é aprendiz. Depois que o aprendizado é realizado, aquele que comandava funcionará apenas como facilitador.

Com relação à produção e aos seus respectivos controles, a comunicação é fácil e imediata e há autonomia dos funcionários, em um sistema flexível de trabalho que incentiva a criatividade e a ausência de burocratização. Todos trabalham em conjunto e em igualdade de condições dentro do barracão e, muito embora o processo produtivo seja desorganizado e barulhento, funciona em ritmo ininterrupto e de forma independente.

Vale salientar que nem todos os setores funcionam durante o ano, podendo haver, então, desvio de função (*job rotation*). Algumas atividades podem ser terceirizadas, como é o caso dos efeitos especiais. Há também uma consciência generalizada de que todos podem realizar seus trabalhos dentro dos prazos estabelecidos e de forma competente. Dessa forma, o nível de comprometimento é surpreendente e o controle, aparente, não existindo prestação de contas nem mesmo relatórios.

No barracão, quase não se ouve falar em dinheiro, em redução de custos e em mecanismos de controle das questões financeiras, seja no nível de cúpula, seja no chão de fábrica. A estratégia financeira é estabelecida pelo patrono, Rinaldo, mas fica sob responsabilidade de José Roberto administrar todo o dinheiro que circula no barracão, o que inclui o pagamento do pessoal, em parceria com os chefes dos setores.

FIGURA 2.1 – Estrutura organizacional da Mocidade Independente de Padre Miguel

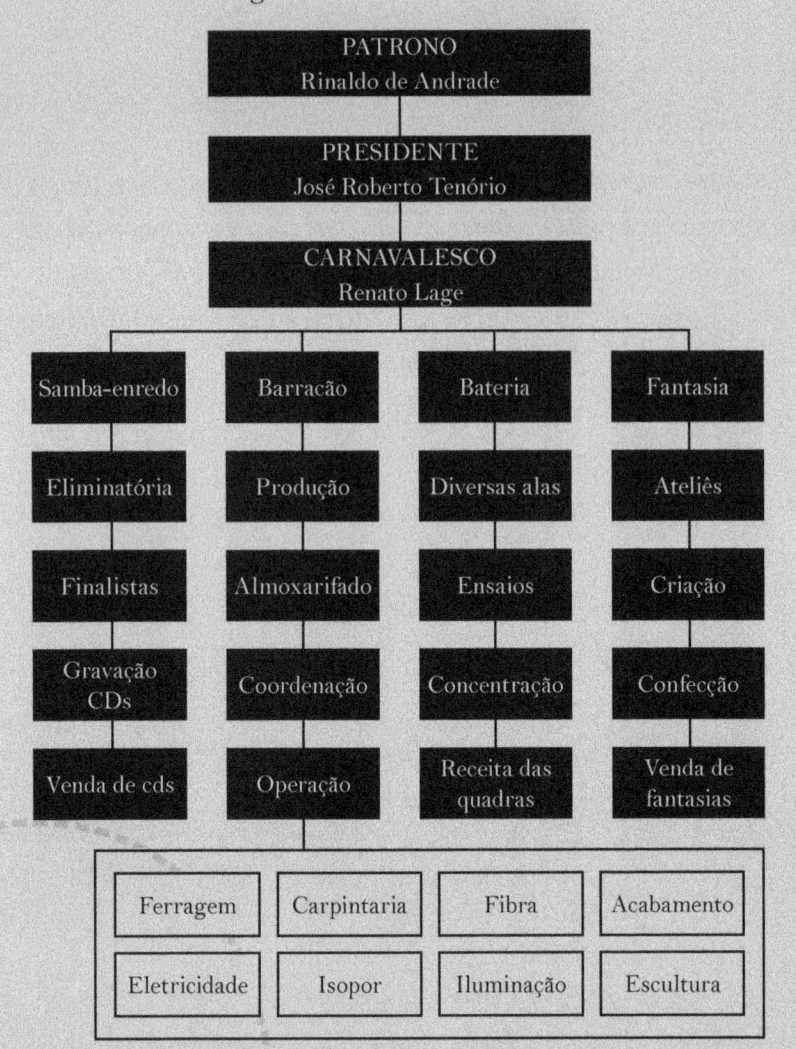

PATRONO
Rinaldo de Andrade

PRESIDENTE
José Roberto Tenório

CARNAVALESCO
Renato Lage

- Samba-enredo
  - Eliminatória
  - Finalistas
  - Gravação CDs
  - Venda de cds
- Barracão
  - Produção
  - Almoxarifado
  - Coordenação
  - Operação
- Bateria
  - Diversas alas
  - Ensaios
  - Concentração
  - Receita das quadras
- Fantasia
  - Ateliês
  - Criação
  - Confecção
  - Venda de fantasias

| Ferragem | Carpintaria | Fibra | Acabamento |
| Eletricidade | Isopor | Iluminação | Escultura |

Resumo das principais cenas do documentário:

1. Junho de 1999: a Prefeitura define o enredo para o desfile das escolas de samba do Rio de Janeiro para o Carnaval, e a Mocidade fica em sexto lugar no sorteio da ordem de entrada, no Sambódromo, no domingo de Carnaval.
2. As quadras da Mocidade, em Padre Miguel.
3. A Vila Vintém, a influência da antiga fábrica de tecidos.
4. O carisma de Jonas no comando do naipe de tamborins da Mocidade.
5. O ensaio da bateria de tamborins; as estratégias boladas por Jonas: "paradinha" e "jogar granada".
6. O barracão: local onde são produzidos os carros alegóricos da Mocidade.
7. Localização do galpão: a 40 quilômetros da Vila Vintém e a 500 metros do Sambódromo.
8. A dinâmica de um processo criativo: o samba-enredo de Dudu e Tiãozinho.
9. Processo de gravação de cada samba-enredo concorrente.
10. Seleção dos sambas-enredos e o processo de eliminação de concorrentes.
11. Desclassificação do samba-enredo: a indignação do médico Dudu e a resignação de Tiãozinho.
12. O papel de adversário, atribuído por Dudu, a Renato Lage (diretor).

13. O sonho de Márcia: a gênese da visão e o sonho com a música de Caetano.

14. Renato compra a visão de sua esposa e estabelece uma estratégia de apresentação das fantasias e das alegorias aos líderes de opinião: os destaques, os presidentes de alas, os fornecedores e a representação da fauna em geral.

15. A escolha dos sambas-enredos: o clima fica pesado e "sobe a pressão".

16. Quebra de tradição: apoio antecipado do patrono a um dos concorrentes resulta em confusão na escola de samba.

17. Reunião de diretoria: versões, indignação, ameaças de terrorismo e, no final, tudo termina bem.

18. O processo de gravação do samba-enredo finalista: a iniciativa e as regras.

19. Venda e arrecadação de fundos para a Mocidade.

20. Na produção, quem responde é o Wanderley, que cuida dos setores de ferragem, carpintaria, escultura, fibra, acabamento e iluminação, tendo um líder responsável (designado *encarregado*) de cada ala de atividades retromencionadas.

21. Jorginho: montagem das estruturas metálicas. Lema: três meses para montar e três minutos para consertar, pois, como diz o próprio encarregado: "Nós não temos tempo".

22. No âmbito da fabricação de ferramentas, fervilham a iniciativa e a criatividade dos participantes-colaboradores.

23. Outubro de 1999: os ateliês: o processo de confecção das fantasias.

24. Ala das "Mil e uma noites": venda e financiamento de fantasias a intermediários e seus cheques pré-datados.

25. Ateliê da enfermeira (Georgina): o papel da família no processo produtivo.

26. Controle do cronograma: faltam 46 dias para o carnaval.

27. A montagem (de acordo com o projeto) de uma estrutura metálica de 18 metros em um carro alegórico, para evolução dos malabaristas durante o desfile de domingo.

28. Teste dos candidatos para as últimas vagas de bateristas de tamborim da Mocidade.

29. Janeiro de 2000: ensaio técnico da Mocidade e lazer da comunidade de Vila Vintém.

30. Faltam 19 dias para o Carnaval. Quem trabalhava na cozinha agora trabalha no almoxarifado: desvio de função.

31. Controle dos serviços de carpintaria, ferragem e escultura dos carros alegóricos: o cronograma.

32. Fantasias que saem através da janela do barraco, despachadas para um intermediário que escolhe o que vai ficar melhor para seus clientes: "os gringos".

33. Tudo muda de cor em sequência na instalação da iluminação do caminhão "Abre Alas".

34. Esculpindo Serra Pelada (em isopor).

35. Sob a chuva no Sambódromo: último ensaio técnico.

36. "Diretrizes" do patrono Rinaldo de Andrade (sobrinho de Castor de Andrade).

37. Depois de se submeter a um transplante de fígado, o Presidente (José Roberto) orça o evento da Mocidade em um milhão de dólares provenientes de "várias fontes".

38. Antes do dia D, Jonas fala sobre superstição e sonho: "fechar o corpo" e "envelope surpresa".

39. A concentração: o clima de ansiedade que antecede o desfile.

40. A última volta do ponteiro: a adrenalina coloca os sonhos em ação.

Leia o resumo apresentado e, em seguida, no que concerne à função de **planejamento**, destaque questões fulcrais, como: a visão estratégica, o ambiente externo e suas contingências, as atividades que geram valor dentro da cadeia produtiva e os procedimentos de definição de metas e objetivos funcionais, além das metas operacionais e seu respectivo controle.

Em seguida, considerando as funções de **organização** e **direção**, oriente o foco de observação para a análise do clima organizacional, das relações interpessoais, da estrutura informal, da liderança, do trabalho em equipe, da negociação, da flexibilidade, da autoconfiança e da criatividade, além de discutir a questão da responsabilidade social (essencial para a competitividade atual das empresas).

Questões para revisão

1. Qual das alternativas a seguir melhor define a função desenvolvida por Jonas, o responsável pelo comando da bateria de tamborins da Mocidade?

    a. Liderança e controle.

    b. Organização e controle.

    c. Planejamento, organização, direção e controle.

    d. Organização e planejamento.

    e. Todas as alternativas anteriores estão corretas.

2. Para a maioria dos membros que compõem a Mocidade, qual dos fatores listados a seguir exerce maior motivação?

    a. Financeiro.

    b. Segurança.

    c. Fisiológico.

    d. Autoestima.

    e. Reconhecimento.

3. Qual é a abordagem menos presente nos processos administrativos (internos) da Mocidade apresentados no documentário (anteriormente resumido)?

    a. Sistêmica.

    b. Clássica.

    c. Científica.

    d. Burocrática.

    e. Neoclássica.

4. Na Mocidade, qual foi o fator que mais contribuiu para que a "bagunça organizada" se transformasse no "maior espetáculo da Terra"?

    a. O financeiro.

    b. A interação de diversas classes sociais.

    c. O fato de os componentes terem a mesma meta.

    d. O público.

    e. Todas as alternativas anteriores estão corretas.

5. Qual fator influenciou negativamente na classificação final (colocação) da Mocidade no desfile de carnaval de 2000?

    a. A opinião pública.

    b. A escassez de recursos.

    c. Os conflitos internos.

    d. O político.

    e. Os quesitos técnicos.

capítulo 3

> Os estilos de gestão e a globalização

O valor dos soldados depende da estratégia do general.

Publílio Siro[*]

Nos capítulos anteriores, enfatizamos os aspectos essenciais do **planejamento estratégico (PE)**, caracterizando seu desenvolvimento e estabelecendo um paralelo com as principais teorias ligadas à gestão. Assim, foi possível evidenciar como estratégia e planejamento são fundamentais para a competitividade das entidades em um cenário acirrado como o que vislumbramos nos tempos atuais, principalmente a partir dos anos 2000.

O mundo passa, de maneira muito célere, por várias mudanças, e adaptar-se às alterações do ambiente corporativo é uma exigência para que as empresas consigam sobreviver nessa conjuntura. Ampla concorrência, quebra de fronteiras, empresas multinacionais, processos complexos de fusões e aquisições, desenvolvimento do mercado de capitais, avanços significativos em tecnologia e inovação, todas essas variáveis impulsionam as empresas a criar atributos diferenciais para ampliar seu *market share*, penetrar em novos mercados e disputar força com os concorrentes locais e espalhados ao redor do planeta.

No entanto, é importante observar um fator nevrálgico e primordial para que a empresa consiga implementar o PE delineado e alcançar os objetivos esperados: o modelo de gestão adotado. Essa é a pedra angular para que os colaboradores de uma entidade estejam alinhados com a visão, com a missão,

---

[*] Citado por Oliveira (1994).

com os valores e com as perspectivas de futuro que têm como gênese a alta administração.

Considerando impacto direto da filosofia de gestão adotada pelas companhias na busca por resultados, destacamos os dois principais estilos de gestão observados nos tempos atuais e suas características essenciais: o empreendedor e o burocrático.

Quadro 3.1 – Comparação entre os estilos empreendedor e burocrático

Estilo	Empreendedor ou estratégico	Burocrático ou incremental
Incidência	Menor frequência.	Largamente encontrado nas empresas e particularmente nas universidades, nos hospitais e nas igrejas.
Atitudes em relação às mudanças	Busca crescer nas mudanças. Antevê oportunidades e ameaças. Visão global. Busca rumos alternativos de ação. Considera múltiplas alternativas.	Resiste, não cede facilmente. Responde reativamente. Busca soluções locais. Preserva o passado. Foca a manutenção do equilíbrio.

(continua)

(Quadro 3.1 – continuação)

Estilo	Empreendedor ou estratégico	Burocrático ou incremental
Formulação de objetivos	Usualmente explícito. Determinado pela interação de oportunidades e de capacidades organizacionais.	Não explícito. Extrapolação estável do desempenho passado.
Intenção	Induzir mudanças.	Preservar o *status quo*.
Sistema de recompensa e castigo	Prêmios por criatividade e iniciativa. Castigo por falta de iniciativa na geração de mudanças.	Prêmios por estabilidade e eficiência. Castigos por desvios.
Atitude em relação ao risco	Propenso a riscos. Equilíbrio riscos *versus* ganhos.	Minimiza riscos de forma conservadora.
Estilo de liderança	Baseado no carisma e na capacidade de inspirar pessoas a aceitar mudanças.	Baseado em popularidade e consenso.

(Quadro 3.1 – conclusão)

Estilo	Empreendedor ou estratégico	Burocrático ou incremental
Estrutura organizacional	Fluida. Atividades agrupadas de acordo com problemas. Destaque para resposta às mudanças. Atividades fortemente agrupadas.	Estável. Atividades frouxamente agrupadas de acordo com capacidades e aptidões comuns. Busca economia de escala. Confia em rotinas.
Reconhecimento da necessidade de ação	Proativo na busca de oportunidades. Antecipatório.	Reativo na resposta aos problemas. Atrasado em relação à ocorrência de problemas.
Busca e avaliação de alternativas	Busca criativa. Geração de múltiplas alternativas. Seleciona a mais otimista de um conjunto.	Confiança na experiência passada. Gera uma alternativa de cada vez. Geralmente aceita a primeira.

Fonte: Adaptado de Drucker, 1954; Peters; Waterman, 1982.

É possível identificar, destarte, diferenças abismais e substanciais entre os dois estilos de gestão que podem ser determinantes para os resultados das empresas. Na contemporaneidade, espera-se que as empresas como um todo adotem, cada vez mais, um modelo empreendedor e busquem líderes com esse perfil estratégico. Contudo, é menos frequente encontrar profissionais com essas características – um profissional que busca crescer nas mudanças e, por ter uma visão global típica, consegue antever oportunidades e ameaças, formulando ações para lidar nos cenários atuais. A expectativa, portanto, é que esse tipo de gestor tenha ampla capacidade de inovação e criatividade para buscar, de forma antecipada, soluções para a organização, diferentemente do estilo observado no modelo burocrático e incremental, que se baseia no passado, na estabilidade e na rotina.

Estudo de caso

Reflexão sobre Maquiavel[*]

> *Se os homens fossem todos bons, esses preceitos não seriam necessários, mas como são pérfidos.*
>
> Nicolau Maquiavel[**]

Nicolau Maquiavel – em italiano, *Niccolò di Bernardo dei Machiavelli* – viveu em meio à turbulência da Renascença italiana, cujos principados foram governados por tiranos ou democracias cambiantes, que exigiam dos governantes astúcia e habilidade para se manter no poder.

Foi poeta, historiador, diplomata e músico. Ganhou notoriedade como formulador da ciência política moderna, considerando-se que seu pensamento perpassa assuntos relacionados ao Estado e aos seus respectivos governos, uma vez que o autor analisa a

---

[*] Elaborado com base no livro *O príncipe*, de Maquiavel (2011).
[**] Maquiavel (2011).

realidade efetiva e o funcionamento de ambos, em detrimento das visões de outros importantes estudiosos que discorrem sobre como esses dois elementos deveriam funcionar. Essa é uma diferença substancial e fulcral da obra de Maquiavel.

Quinhentos anos passados, é ainda o guru dos políticos e conserva sua atualidade no campo econômico do mundo globalizado. De acordo com Maquiavel, o sucesso depende da conjugação de *virtù* – que significa "senso", "intuição" e "estratégia" – e *fortuna* – que pode ser entendida como "sorte", "destino" e "acaso".

O príncipe, obra literária de Maquiavel que teve maior destaque, foi escrito entre 1513 e 1516, três anos intensos da vida do escritor florentino em que ele discorreu, de forma sublime, acerca da arte da política, da natureza humana e dos erros cometidos por príncipes estadistas. Em linhas gerais, Maquiavel abre mão das especulações e, com base na observação da realidade reinante, consegue identificar questões fundamentais da vida de um governante, que deve agir para garantir a soberania e a unidade do Estado, um local até então repleto de tirania nos pequenos principados.

A frase constantemente atribuída à Maquiavel de que "os fins justificam os meios" não está presente, de forma literal, no relevante livro *O príncipe*, mas pode ser utilizada para exprimir aquilo que a obra literária do pensador político italiano pretendia enfatizar, ou seja, serve para resumir o vasto trabalho realizado pelo autor. Lançando luz nessa afirmativa, notamos que Maquiavel objetivou, no clássico *O príncipe*, apresentar os diversos tipos de principados existentes e demonstrar como conquistá-los, mantê-los e governá-los, observando como os príncipes devem tratar seus povos, súditos e nobres. Assim acontece nas empresas e no campo da gestão: um gestor deve conhecer o que vai administrar (uma empresa, por exemplo) e identificar qual é a melhor forma de alocar os recursos disponíveis – de natureza física, financeira e humana – para conquistar mercado (por meio da ampliação de *market share*) e clientes, que são cada vez mais exigentes e diversos, buscando menor preço e maior qualidade, uma forma de maximizar suas respectivas "funções utilidade" (clientes estes que substituem "o povo" na obra do autor italiano).

Planejamento estratégico, decisões de nível institucional, modelos de administração, diferentes abordagens na gestão de pessoas e busca incessante pelo sucesso e pelo lucro, imperativos de sobrevivência no cenário competitivo contemporâneo,

já estavam presentes na clássica obra de Maquiavel.

Questão para revisão

A seguir, assinale os valores, as estratégias e as políticas que você descartaria na gestão de uma empresa. Depois, justifique suas decisões com base no perfil empreendedor ou no perfil burocrático e descreva seus critérios de escolha em um parágrafo sucinto:

a. Os fins justificam os meios.

b. Não existe vitória sem sacrifício.

c. Não se multiplica sem se dividir.

d. É mais seguro ser temido do que amado.

e. O mal se faz de uma só vez; o bem, aos poucos.

f. Paciência é indispensável, assim como a ação decidida.

g. As pessoas trilham quase sempre caminhos já percorridos.

h. Não se afastar do bem, mas, se necessário, enveredar pelo mal.

i. É preciso ser raposa para conhecer os laços e leão para aterrorizar os lobos.

j. Virar conforme o vento da fortuna e a mutabilidade das coisas.

k. Não é necessário possuir as qualidades que demonstramos, basta apenas aparentá-las.

l. Melhor ser impetuoso do que circunspecto, pois a sorte é mulher e, para dominá-la, é preciso contrariá-la.

m. Não se pode, nem se deve, guardar a palavra dada quando as causas que a determinaram cessarem.

n. Quanto maior for o mal, mais urgente será a retribuição do bem; para evitar a revolta, deve haver insubordinação e rupturas irremediáveis.

3.1

A globalização e seus efeitos

A teoria geral da administração, assim como toda a ciência social aplicada, passa por constantes transformações à medida que a sociedade muda. Por isso, adaptar os modelos de gestão e o planejamento estratégico ao cenário vigente e conseguir absorver essas alterações constantes que emanam do meio social é extremamente importante para uma compreensão acurada dos mercados, das empresas, das pessoas e das interações existentes entre todos eles.

Dessa feita, observamos que, desde o início da globalização e do desenvolvimento dos mercados internacionais, várias mudanças foram sendo implementadas e essas transformações afetam diretamente as empresas e suas respectivas estratégias.

QUADRO 3.2 – Globalização, paradigmas e instrumentos

Período	Paradigma	Motor
Antigo	Sagrado	Religião
Moderno	Razão	Ciência
Pós-moderno	Mercado	Consumo
Futuro	Sustentabilidade	Consciência ecológica

Avançando nessa seara, convém sublinhar que a sociedade e, por conseguinte, as empresas e as pessoas envolvidas nesse processo vivenciaram metamorfoses recorrentes e continuarão a passar por mudanças que, se forem compreendidas desde já, podem indicar uma gama de oportunidades.

Ante tais questões, listamos uma série de **megatendências** que podem ser analisadas no atual contexto:

1. Ênfase na preservação do meio ambiente.
2. Envelhecimento da população ocidental.
3. Deterioração dos grandes centros urbanos.
4. Consolidação do processo de globalização.
5. Progressiva limitação ao consumo de água potável.

6. Crescimento do nacionalismo, do islamismo e do evangelismo.
7. Crescente restrição ao uso de cigarros e de bebidas.
8. Crescente participação das mulheres na força de trabalho.
9. Substituição gradativa do aço, do cobre e do alumínio pelo plástico.
10. Crescente preocupação com o efeito estufa e a chuva ácida.
11. Limitação da utilização de combustíveis fósseis (carvão e petróleo).
12. Valorização dos elementos ligados à qualidade de vida do cidadão.
13. Foco nas áreas de energia renovável, engenharia genética e aeroespacial.
14. Desenvolvimento acelerado das seguintes áreas: telemática, química fina, biotecnologia e turismo.

Assim, levando em conta todas essas megatendências, podemos notar vários efeitos que advêm dessas transformações. Alguns reflexos das mudanças em curso podem apresentar aspectos desejáveis, enquanto outros podem ser identificados como de natureza não desejável.

Desejáveis ou não, deixando de lado os epítetos e as nomenclaturas, insta realçar que consequências serão geradas tanto para o ambiente econômico quanto para os hábitos de consumo, e estar preparado para essas modificações latentes e iminentes é tarefa fundamental no processo de planejamento estratégico.

Com efeito, listamos alguns impactos oriundos das megatendências citadas no Quadro 3.3.

QUADRO 3.3 – Reflexos das megatendências

Desejáveis	Indesejáveis
Preços menores	Desemprego, violência
Maior eficiência	Banalização do indivíduo
Redução de custos	Aumento do tráfico de drogas
Aumento da qualidade	Falência de muitas empresas
Maior acesso ao capital	Exclusão e isolamento social
Criação de novos produtos	Dependência econômica externa
Maior interação e informação	Desvalorização do produto nacional
Desenvolvimento tecnológico	Desaparecimento das fronteiras nacionais

Ainda nesse diapasão, podemos citar outra forma de analisar as principais megatendências globais e alguns impactos que elas podem causar. O sociólogo italiano Domenico De Masi, autor das obras magistrais *O ócio criativo* e *O futuro do trabalho*, lista em seus artigos e em suas entrevistas uma gama de fatores que compõem o cenário das principais mudanças ocorridas na humanidade.

Photo by Esposito Salvatore/Pacific Press/LightRocket via Getty Images

Domenico de Masi

Conforme o pesquisador italiano, algumas análises são essenciais para compreender a evolução e a forma como a sociedade tem se organizado. A seguir, listamos 30 circunstâncias sobre as quais o autor discorre em suas pesquisas e as adaptamos ao âmbito do planejamento estratégico:

- A vida média humana dobrou em apenas três gerações.

- No passado, vivíamos cerca de 300 mil horas e trabalhávamos cerca de 120 mil horas (40%).

- Hoje, vivemos cerca de 700 mil horas e trabalhamos cerca de 70 mil horas (10%).

- Os aparelhos eletrodomésticos substituem o trabalho de 33 escravos.

- Características principais do trabalho no futuro: criativo e em grupo.
- Criatividade não é um ponto de partida, mas de chegada.
- A criatividade de um país se mede pelas patentes registradas.
- Criatividade não se aprende, mas pode ser individualizada e desenvolvida.
- A criatividade é o somatório da fantasia, da subjetividade e da emotividade.
- A globalização aniquila as diferenças, uma vez que as especificidades regionais que produtores locais imprimem em seus produtos sucumbem à padronização global dos objetos de massa*.

---

* Um trecho pinçado na obra de De Masi ilustra adequadamente essa condição: "Pela primeira vez, saímos de duas guerras mundiais. Pela primeira vez, saímos de uma guerra fria. Pela primeira vez, temos os meios de comunicação em massa. Com isso tudo, a globalização política passou a ser econômica e agora está se tornando psicológica. Temos dados desconcertantes: 32 milhões de pessoas por hora consomem Coca-Cola; 18 milhões de pessoas comem por hora um hambúrguer do McDonald's. Somos globalizados em tudo. Não só a economia foi globalizada; nossa personalidade e nossos sentidos também. Os nossos olhos. Vemos em qualquer lugar os mesmos filmes. Nosso ouvido. Ouvimos em qualquer lugar a mesma música. E até o olfato. Todos os aeroportos do mundo têm o mesmo cheiro. [...] Vivemos em uma globalização psicológica que, de um lado, transforma o mundo numa grande vizinhança e mescla experiências, mas, do outro lado, aniquila as diferenças. E aniquilar as diferenças é terrível" (De Masi, 1999, p. 64).

- Este milênio será o da estética*.
- Economia sadia é economia diversificada.
- É mais fácil criar o progresso do que administrá-lo.
- Aprende-se mais com o fracasso do que com o sucesso.
- A criatividade e a estética determinam nossa felicidade.
- A estética serve para controlar o excesso de informação.
- Os burocratas veem os limites; os criativos, as oportunidades.
- A burocracia determina nossa infelicidade; os burocratas são, em sua maioria, corruptos.
- No futuro, será impossível distinguir estudo, trabalho, tempo livre e lazer.

---

* Para maior nível de aprofundamento nessa temática, sugerimos a leitura do livro *A estetização do mundo: viver na era do capitalismo artista*, escrito por Gilles Lipovetsky e Jean Serroy (2015), que apresenta a dura realidade contemporânea. Em 2015, publicamos uma resenha intitulada *A beleza salvará o mundo? O capitalismo artista e as descrições de um mundo estético* (Barros, 2015), que sintetiza os principais argumentos erigidos pelos escritores franceses. O artigo resume que "Avessos à ideia de que o capitalismo é uma máquina de decadência estética, os franceses Lipovetsky e Serroy discorrem sobre a *Era do capitalismo artista*, onde a estetização e o embelezamento do mundo – através do *design*, do estilo, da renovação das marcas e do redesenho de produtos (e espaços) – soam como dois imperativos de sobrevivência que deverão ser utilizados pelas empresas para prosseguirem em seus mercados. Se no passado o ambiente da arte era cercado de ritualização e as questões de cunho estético permaneciam presas a determinados meios da sociedade, uma espécie de estetização aristocrática, com o desenrolar da história vivenciamos este movimento de estetização que chegou ao seu píncaro atual: a era transestética. Consumidores cada vez mais sedentos por beleza e estilo nos produtos que adquirem, desde papel higiênico até garrafas de água mineral, e grandes organizações cientes dessa nova ordem buscando incutir arte em suas mercadorias" (Barros, 2015, grifo do original).

- As três dimensões da globalização são: política, econômica e psicológica.

- O futuro será definido pelo tempo livre, pela pesquisa científica e pela estética.

- O tempo só é livre se estiver sendo usado de acordo com nossa autonomia.

- Os Estados Unidos concentram, hoje, a maioria dos criativos, pois têm grande capacidade de atrair gênios.

- Pela primeira vez na história, na luta entre pobres e ricos, estes são mais agressivos.

- Luxos do próximo século: o tempo, o espaço, o silêncio, a autonomia e a segurança.

- A tecnologia nos livrou da fadiga física, agora nos livraremos da fadiga intelectual.

- Em dez tentativas, o burocrata acerta nove vezes e o criativo, apenas uma, mas esse único acerto faz a diferença.

- O poder não está mais nas mãos de quem produz bens industriais, mas nas de quem produz bens imateriais.

Questões para reflexão

Diante dos aspectos retratados neste capítulo, principalmente sobre as megatendências globais e as consequências que emanam delas, responda às perguntas a seguir, contextualizando as respostas com as empresas que fazem parte desse cenário e as estratégias que desenvolvem.

1. Qual é o futuro da globalização?
2. Ela aniquila as diferenças?
3. Ela é um processo natural ou é uma neocolonização?
4. De que maneira as questões demográficas, como o envelhecimento global, podem afetar as empresas?
5. Como as pequenas empresas conseguirão sobreviver ao envelhecimento global?
6. Tomando de um lado as megatendências e de outro suas consequências, cite quais estratégias as empresas poderiam adotar para serem competitivas e obterem sucesso nessa conjuntura.
7. Quais produtos poderiam ser inventados ou que tipo de empresa poderia ser criada para atender a esse novo mercado (oriundo dessas megatendências e de seus reflexos)?

Questões para revisão

1. Segundo De Masi, em *O futuro do trabalho* (De Masi, 1999), **não** constitui fator essencial na administração de grupos criativos:

    a. a existência de uma liderança de caráter carismático.

    b. o interclassismo e o antagonismo com outro grupo criativo.

    c. o elevado senso estético.

    d. a antiburocracia.

    e. a ética.

2. O critério para se medir o nível de criatividade de um país, segundo De Masi, é:

    a. a existência de novos processos robotizados.

    b. a quantidade de lançamentos de novos produtos.

    c. o senso estético dos criadores de produtos com alto valor agregado.

    d. o número de patentes registradas pelo país.

    e. a quantidade de patentes realmente utilizadas.

3. Segundo De Masi, o fator que **não** constitui um dos luxos deste século é:

   a. o tempo livre.

   b. o espaço.

   c. o silêncio.

   d. a segurança.

   e. a privacidade.

4. Conforme De Masi, o trabalho do futuro terá um caráter andrógino porque:

   a. uma economia sadia é uma economia diversificada.

   b. papéis como estética, subjetividade e emotividade serão extremamente necessários.

   c. o homem desenvolverá seu lado feminino e a mulher, seu lado masculino.

   d. no futuro será impossível distinguir estudo, trabalho e lazer.

   e. o período de vida humana dobrou em apenas três gerações.

5. Com relação à criatividade, **não** constitui uma consideração de De Masi:

   a. Criatividade é um dom que nasce com a pessoa.

   b. Criatividade não é um ponto de partida, mas de chegada.

c. Criatividade não se aprende, mas pode ser individualizada e desenvolvida.

d. Em dez tentativas, o burocrata acerta nove vezes e o criativo, apenas uma, mas esta única vez faz a diferença.

e. Os dois principais ingredientes da criatividade são a visão de futuro e a capacidade de agir.

6. Por que, de acordo com De Masi, o tempo só pode ser considerado livre se tiver sendo usado conforme a autonomia de cada um?

   a. Porque a burocracia determina nossa infelicidade.

   b. Porque, caso contrário, ele não pode ser considerado livre.

   c. Porque os burocratas veem os limites e os criativos, as oportunidades.

   d. Porque na luta entre pobres e ricos, pela primeira vez na história, estes estão mais agressivos.

   e. Porque o poder não está mais nas mãos de quem produz bens industriais, mas nas de quem produz bens não materiais.

7. **Não** é uma afirmação de De Masi:

   a. As duas maiores características do trabalho do futuro são o trabalho criativo e o em grupo.

   b. As três dimensões da globalização são: a política, a econômica e a pedagógica.

c. O futuro será definido pelo tempo livre, pela pesquisa científica e pela estética.

d. A tecnologia industrial nos livrou da fadiga física e agora nos livraremos da fadiga intelectual.

e. No início do século XX, ao organizarem cientificamente o trabalho coletivo, debelando a fadiga e o autoritarismo, as empresas produziram mais progresso que todos os esforços realizados nos séculos precedentes. Entretanto, no final daquele século, incapazes de motivar os que, obstinadamente, tentavam controlar, as organizações produziram, do lado de fora, cada vez mais desemprego e mercadorias inúteis e, do lado de dentro, pessoas cada vez mais infelizes e relacionamentos cada vez mais insensatos.

Para saber mais

Ao concluir a leitura deste capítulo, sugerimos que você leia, na íntegra, o seguinte livro:

PETERSON, P. G. Gray Dawn: How the Coming Age Wave Will Transform America – and the World. New York: Three Rivers Press, 2000.

Nesse livro, o autor relata o processo de envelhecimento global e a crise gerada com esse advento. Por não existir uma versão em português dele, apresentamos a seguir um breve resumo da obra para auxiliar o leitor que, por qualquer motivo, não consiga lê-lo em inglês.

AMANHECER CINZENTO: COMO A VINDA DA "ONDA DA IDADE" VAI TRANSFORMAR A AMÉRICA – E O MUNDO

O envelhecimento global desencadeará uma crise que vai afetar toda a economia mundial e pode colocar em risco até mesmo a democracia. Se, rapidamente, as lideranças mundiais tomassem decisões mais duras, elas demonstrariam que se preocupam legitimamente com o futuro e que têm consciência de ser esta a oportunidade única para que nações velhas e jovens trabalhem juntas. Precisamos pensar em novas instituições que nos ajudem a conviver em um mundo mais velho.

A lista dos perigos globais que ameaçam o próximo século vem se tornando cada vez maior. Inclui a proliferação de armas nucleares, químicas e biológicas, o terrorismo associado aos avanços tecnológicos, os supervírus, as mudanças climáticas, as consequências sociais, econômicas e políticas da globalização e as explosões étnicas prestes a eclodir. No entanto, um perigo que não é tão evidente – o envelhecimento demográfico no mundo desenvolvido – talvez contribua mais para moldar o futuro coletivo do que qualquer outra das ameaças anteriores.

Nas próximas décadas, as nações do mundo desenvolvido vão testemunhar um crescimento inusitado no número de cidadãos idosos e um declínio sem precedentes na quantidade de jovens e já é possível prever o ritmo e a magnitude dessa transformação. Afinal, os idosos do próximo século já nasceram e podem ser contados, assim como o custo que representarão para os sistemas de aposentadoria. Não há a menor dúvida quanto à existência do processo de envelhecimento global, nem quanto ao momento em que ele se tornará problemático.

Os custos desse processo serão muito mais elevados do que os recursos acessíveis, até mesmo às nações mais poderosas. Se não for feita uma reforma radical dos sistemas de aposentadoria, o envelhecimento global acabará por provocar crises econômicas que farão os recentes colapsos na Ásia e na Rússia parecerem brincadeira. Por esse motivo, o envelhecimento global da população deve se tornar não só a principal questão da agenda econômica do século XXI, como sua mais importante questão política, que vai dominar e definir as estratégias de políticas públicas dos países desenvolvidos.

Os Estados Unidos enfrentarão um enorme desafio, cujas linhas gerais podem ser divisadas no debate sobre a reforma do sistema de seguridade social e de atendimento médico. Por mais ameaçadoras que sejam as consequências fiscais nos Estados Unidos, elas serão ainda mais catastróficas no Japão e na Europa. Nesses locais, a população está envelhecendo em ritmo mais rápido, as taxas de natalidade são menores, os benefícios da aposentadoria mais generosos e os sistemas de previdência privada mais precários.

O envelhecimento tornou-se uma ameaça de âmbito verdadeiramente global e deve, portanto, receber a máxima prioridade na agenda política global. Uma aurora cinzenta vem se aproximando com rapidez e chegou a hora de avaliar sem ilusões o que está reservado para nós no futuro.

Fonte: Peterson, 2000, tradução nossa.

capítulo 4

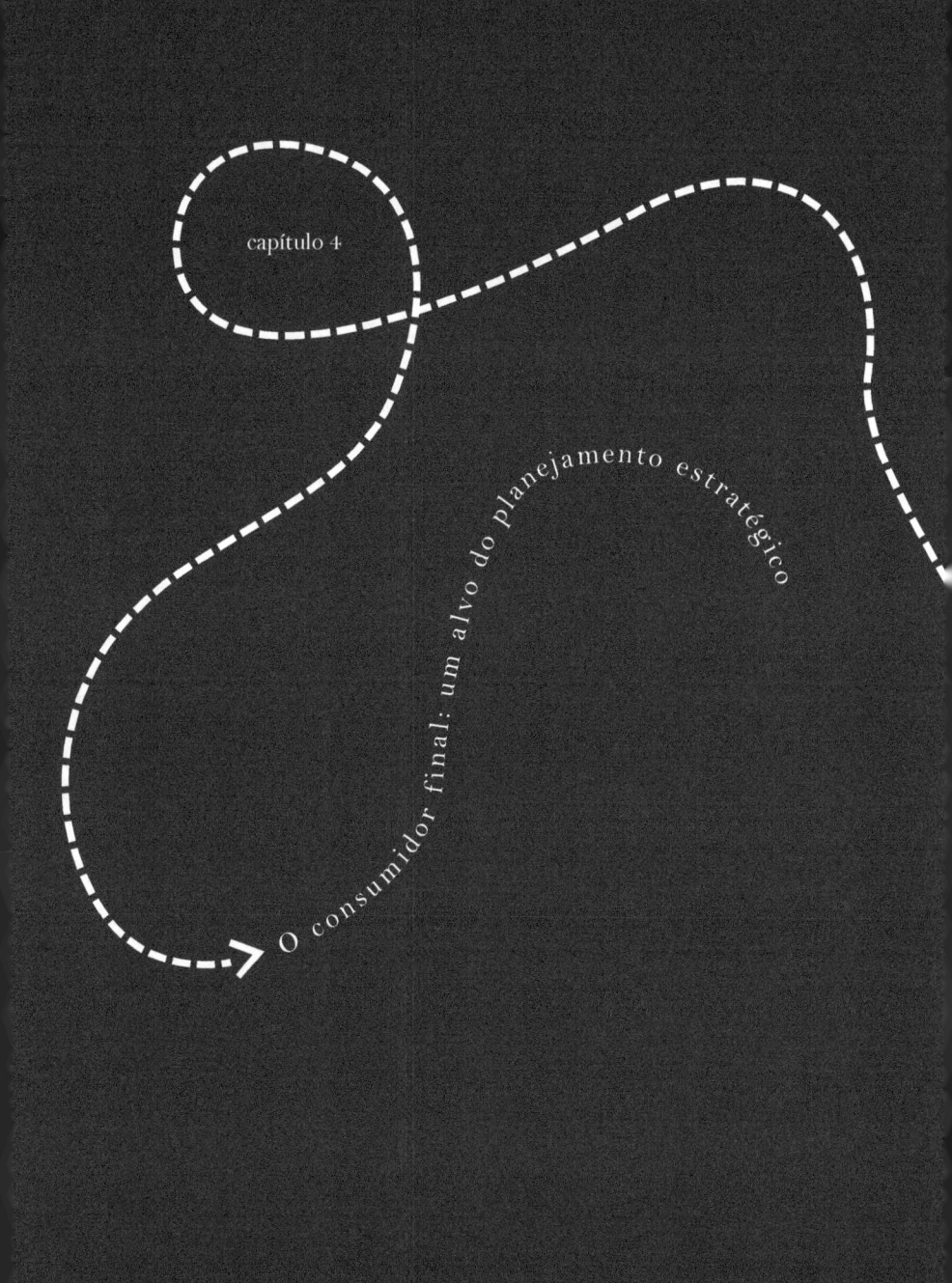

O consumidor final: um alvo do planejamento estratégico

> *O que eu temo não é a estratégia do inimigo, mas os nossos erros.*
>
> Péricles*

Concatenando este capítulo com os anteriores, podemos afirmar que, ao conhecer o ambiente externo, analisar as tendências e suas consequências, bem como todas as potencialidades e facilidades internas, a empresa passa a conhecer as características principais de um alvo central: seus consumidores.

Destarte, é relevante saber quem são esses consumidores, a razão que os leva a comprar, o que, como e por que fazem determinadas compras e onde as realizam, além de verificar quem os influencia, quais são seus atributos, como interagem com os produtos e os serviços que as empresas ofertam e como seus comportamentos têm variado ao longo dos anos (focando, é claro, as perspectivas futuras).

Não obstante, observamos que, diariamente (e constantemente ao longo de um mesmo dia), recebemos um número expressivo de estímulos e fatores de influência, que se perpetuam por toda a nossa vida e nos fazem decidir por determinadas compras ou por avaliações acerca da essencialidade e da utilidade de um bem ou serviço, mesmo diante de restrições orçamentárias que inviabilizem o acesso a uma cesta ótima mais ampla.

A priori, concluímos também que esses fatores determinantes podem ser de natureza interna (tais como as características intrínsecas, específicas, singulares e pessoais de cada ser humano) ou de origem externa (tais como as relações culturais

---

* Citado por King (1988).

e sociais que cada um cultiva no decorrer da vida). Por isso, o planejamento estratégico é visto nas empresas como algo que transcende um mero conjunto de ideias, técnicas, conhecimentos e tarefas no âmbito institucional das entidades empresariais. Tem o objetivo de antever circunstâncias e ajustar o rumo das decisões aos possíveis cenários, tendo a missão de ser flexível, pois somente assim é possível conhecer o público-alvo ou, em outras palavras, o consumidor final.

Assim, o planejador deve estar em constante contato com o macro e o microambiente, mantendo-se atento aos desejos, às necessidades e às ansiedades dos consumidores e, mais que isso, observando as mudanças que estes causam no ambiente em que estão inseridos. Desse modo, saber trabalhar com as informações disponíveis e dissecá-las à exaustão é fundamental para o planejamento e sua constante reavaliação.

Vale salientarmos que, apesar do velho hábito existente nas empresas, principalmente no departamento de *marketing*, de agrupar esses consumidores por traços comuns de comportamento, criando rígidas segmentações e segregações, isso não deve ser tão praticado nos tempos atuais, cujas diferenças afloram todos os dias e amplificam-se com o passar dos anos, mesmo para aqueles pertencentes a um mesmo grupo. Essa situação deve ser também ponderada no âmbito do planejamento estratégico, pois somente estando em constante mudança e criando facilidades para captar tais tendências será possível alcançar bons resultados perpetuamente.

4.1

Uma alegoria sobre o planejamento estratégico e a conjuntura externa

Alguns autores, como Thompson Jr. e Strickland III (2000), apregoam, com precisão, que formular uma estratégia compreende, basicamente, planejar com o propósito de fortalecer a posição da empresa no mercado em que atua, aprimorar-se para alcançar a satisfação do cliente e atingir os objetivos de desempenho predeterminados, tencionando formar um conjunto de mudanças competitivas e processos comerciais para se chegar à melhor *performance* da organização.

Em uma simples definição como essa, é possível pinçar algumas expressões, como "mercado em que atua", "clientes" e "mudanças competitivas", entre tantas outras que podem emergir desse contexto e que não foram citadas na frase anterior, como "fatores externos", "macroambiente" e *stakeholders*".

O barco e a tempestade

Vamos nos utilizar aqui de uma alegoria para exemplificar essas questões. Imagine um barco que começa a navegar e, ao mesmo tempo, uma chuva torrencial começa a cair. As turbulências externas vão aumentando. O vento desfavorável e a maré alta iniciam a formação de uma espécie de *tsunami*, e o controle da embarcação fica cada vez mais difícil.

Usando a figura do barco para simbolizar as empresas, verificamos que, geralmente, os problemas não nascem dentro delas, mas estão no ambiente (daí a importância de observar as tendências e suas possíveis consequências). Um barco frágil afundaria mais rápido, enquanto um barco moderno – com equipamentos avançados e repleto de tecnologia embarcada – poderia enfrentar essa intempérie e vencer o vendaval. Então, qual é a tarefa do planejamento estratégico? Adaptar o barco (de madeira, de ferro ou de aço; novo ou velho; simples ou complexo) às condições que estão por vir, isto é, são observadas todas as condições climáticas e as variáveis que podem influenciar o desempenho do barco e, preventivamente, arrumar a vela, fortalecer o casco, ligar todos os aparelhos de controle, instruir os integrantes da embarcação e cuidar de todos os preparativos para a tempestade que se avizinha. E, se possível, são criadas alternativas para que o barco não venha a naufragar, ou não seja necessário fazer uma mudança de rota ou uma parada forçada na ilha mais próxima.

Podemos notar, portanto, que, muitas vezes, os problemas não são internos às empresas, nem mesmo de simples resolução, mas estão no ambiente externo, sendo o planejamento estratégico o ato de traçar metas e objetivos e observar ameaças e oportunidades a fim de ajustar as forças e as fraquezas da organização para sobreviver e posicionar-se no mercado com uma visão competitiva.

Estudo de caso

Arturo's: uma rede de *fast-food*

A Arturo's atuava em Belo Horizonte produzindo e comercializando *fast-food*. Fez parte de um tradicional grupo empresarial mineiro (o Grupo Irgominas), que optou, em determinada fase de sua expansão, por estender suas atividades à área de alimentação, obedecendo à estratégia de criar uma linha de produtos que complementasse as linhas de bebidas que operavam em Belo Horizonte: Coca-Cola e Kaiser.

A estratégia do Grupo por se posicionar, na área de alimentação, por meio de uma *joint-venture* da CKN Produtos Alimentícios (divisão do Grupo Irgominas) com a multinacional Xela Enterprises, que administra redes de *fast-food* em nível global, obedeceu, de início, a uma tendência mundial: cada vez mais, nos grandes centros, os consumidores estão sendo impactados pela falta de tempo, o que tem acarretado mudança em seus hábitos alimentares.

De acordo com pesquisas publicadas por revistas especializadas, uma parcela significativa da população urbana no Brasil faz suas refeições fora de casa. À primeira vista, poderíamos esperar que os tradicionais restaurantes fossem naturalmente beneficiados por essa tendência; entretanto, isso não tem acontecido, pois os restaurantes não têm conseguido atender a importantes características da demanda, como rapidez, preço, manutenção da qualidade e atendimento, que diferenciam os *fast-foods* dos restaurantes.

Acredita-se que o crescimento e o fortalecimento das redes que operam linhas de refeições rápidas são uma tendência global, que deverá consolidar-se ainda mais no futuro. No Brasil, o setor de *fast-food* cresce a taxas seis vezes maiores que as do crescimento do PIB (Produto Interno Bruto), e estima-se que esse segmento tenha movimentado, em 1996 (época do caso ora em apreço), US$ 2 bilhões, em um mercado de US$ 22,5 bilhões, representado pelo conjunto das indústrias que atendem aos consumidores que se alimentam fora de casa.

Em escala global, as redes de *fast-food* operam em três grandes segmentos: o primeiro é constituído pela linha tradicional, que comercializa hambúrguer e *cheeseburguer*, cujas redes mais conhecidas no Brasil são Bob's e McDonald's; o segundo é constituído pelas linhas de *pizzas*, massas e pastas, representados pelas redes Pizzas Hutt, Dunkin Donut's e Alfredo's; finalmente, o terceiro segmento é o da linha de carne branca, que se subdivide em outras duas linhas de produtos básicos: peixe e frango.

A opção da Arturo's por atuar no último segmento deveu-se à constatação de que este é o que mais tem crescido em termos mundiais, pois os consumidores estão, cada vez mais, buscando uma vida saudável e, dessa forma, evitando alimentos com alto teor de gordura, que caracterizam os hambúrgueres, os *cheeseburguers*, as pizzas, as massas e as pastas.

A Arturo's, ao optar pela carne de frango em detrimento da linha de peixes, considerou também outros fatores: a maior aceitação do frango, a resistência de grande parcela da população em se alimentar sistematicamente de peixes e, finalmente, questões logísticas relacionadas ao fornecimento, ao transporte de insumos, à perecibilidade, ao manuseio e ao controle de qualidade.

Ao abrir o primeiro ponto de venda em Belo Horizonte, no hipercentro da Avenida Afonso Pena, onde se concentra um grande número de consumidores potenciais, o segundo, na praça da Savassi, onde pretendeu atingir um público formador de opinião, e o terceiro no Bahia Shopping, a Arturo's obedeceu à estratégia de testar suas operações iniciais em uma praça considerada pelos especialistas em *marketing* como de grande resistência à introdução de inovações. Juntamente com Campinas e Curitiba, Belo Horizonte é considerada um mercado-teste, ou seja, se um produto tiver aceitação na cidade, estará fadado a ser sucesso no resto do Brasil.

A planta da fábrica da Arturo's localizava-se no bairro São Francisco, região privilegiada em termos de acesso às principais rodovias que passam por Belo Horizonte. Além das linhas de processamento de carnes e de sorvetes, possuía um laboratório químico, no qual eram testados os insumos e elaborados os controles de qualidade necessários. Percebia-se que a empresa conferia profunda atenção ao acompanhamento e ao controle dos custos diretos e indiretos de produção.

A gerência da área de recursos humanos fazia questão de se referir aos empregados como "seres humanos" ou "talentos humanos", e não como recursos, e trabalhava dentro de uma estrutura organizacional enxuta, com um *layout* compacto que incentivava a integração e a comunicação. O escritório era ligado *on-line* aos seus pontos de venda e aos principais fornecedores e operava *just-in-time* com a Sadia Concórdia, principal fornecedora de insumos.

A área de *marketing* enfatizava o conceito de *valor*, isto é, de oferecer mais pelo dinheiro pago pelo consumidor, e isso incluía: rápido atendimento, preço competitivo, qualidade e conforto. Seu *target* era atingir o segmento de renda média da população.

Não obstante os boatos que circulavam sobre a vitalidade da Arturo's em Belo Horizonte, o fechamento da rede, em agosto de 1997, pegou o mercado de surpresa. Apesar de oferecer um produto de altíssima qualidade, a operação do Arturo's só deu prejuízo. Os investimentos feitos na Arturo's pelo Grupo Irgominas não foram pequenos, por isso acreditava-se que o grupo não iria desistir do negócio com facilidade, pois fora montado de forma profissional, com gente que entende do ramo de alimentação na capital mineira (o tradicional grupo Alpino).

Inicialmente, um dos sócios cogitou investir mais, lançando novos produtos e desencadeando uma agressiva campanha de *marketing*. Havia discutido até mesmo a estratégia de vender sanduíches de frango, *nuggets* e *ribs* (espécies de costelinha de porco), com base na constatação de que o *mix* da Arturo's era extremamente pequeno e limitado. Contudo, a Xela manteve-se irredutível e não concordou com a mudança do cardápio.

Segundo o ex-diretor da Arturo's, Eberhard Aichinger, a efervescência do número de bares e restaurantes, comidas a quilo e o *boom* de carrinhos de cachorro-quente, espalhados por vários pontos de Belo Horizonte e que não recolhiam impostos, contribuíram para minar o negócio.

De acordo com comentários de empresas especializadas em franquias, o erro da Arturo's foi achar que o consumidor mineiro iria comportar-se como o canadense, já que, segundo as mesmas fontes, o frango frito servido em pedaços dificultou a difusão do produto, pois os mineiros preferem pedaços pequenos e crocantes.

Embora o empreendimento tivesse tudo para dar certo (até a cor laranja da logomarca, que estimula o apetite), seus produtos não conseguiram agradar o público da capital centenária. A recessão também atingiu o setor e, conforme o Sindicato de Hotéis, Restaurantes, Bares e Similares, em 1996, havia, em Belo Horizonte, 18 mil pontos de vendas, que empregavam

55 mil pessoas. Em 1997, 50% dos estabelecimentos estavam inadimplentes com o fisco e empregavam apenas 17 mil funcionários.

Na Arturo's, o impacto dessa conjuntura recessiva refletiu sobre seus resultados, que foram 50% abaixo do que era esperado. A loja da Savassi foi a primeira a fechar as portas, com a justificativa de que o movimento de consumidores era muito inferior ao ponto do McDonald's situado a menos de 50 metros. Com essa decisão, ficou patente a estratégia do Grupo Irgominas: não mais se arriscar em um projeto de sucesso duvidoso.

Questões para revisão

Após ler este estudo de caso, que teve como finalidade primordial demonstrar como é possível aprender com os erros, muitas vezes até mais do que com os acertos, em especial em ambientes de incerteza e de alto risco (uma dica de suma relevância para tomadores de decisão e planejadores de estratégias), resolva as questões propostas a seguir de acordo com as informações apresentadas.

1. Como era o mercado de Belo Horizonte?

    a. Caótico.

    b. Exigente.

    c. Instável.

    d. Conservador.

    e. Imprevisível.

f. Avesso ao desconhecido.

g. Resistente às inovações.

2. Quais eram as ameaças ao negócio da Arturo's?

   a. Inflação.

   b. Concorrência (McDonald's).

   c. Hábitos de consumo da população.

   d. Perda do poder aquisitivo da população.

   e. Novos entrantes (por exemplo, comidas a quilo).

   f. Mercado informal (por exemplo, carrinhos de lanche).

3. Quais eram as oportunidades do negócio da Arturo's?

   a. Modismo/alienação.

   b. Urbanização das cidades.

   c. Perda de tempo no trânsito.

   d. Concentração dos clientes-alvo em determinados bairros.

   e. Concentração dos clientes-alvo em determinados horários.

   f. Suscetibilidade dos consumidores à propaganda intensiva.

4. Quais eram os pontos negativos do negócio da Arturo's?

   a. *Mix* de ofertas reduzido.

   b. Segmentação de mercado.

   c. Estratégia de *marketing* (não diferenciava o produto).

   d. Estratégia de preço (mais caro que comida a quilo).

- e. Hábito dos clientes, que cada vez mais rejeitavam alimentos fritos.
- f. Falta de propaganda da entrada da Arturo's no mercado.
- g. Visão da alta administração em relação à concorrência.
- h. Utilização de garfos de plástico (inadequados).

5. Quais eram os pontos positivos do negócio da Arturo's?
   - a. Estrutura de capital.
   - b. Associação à marca Coca-Cola.
   - c. Experiência anterior dos empreendedores.
   - d. Qualidade dos produtos oferecidos.
   - e. Instalações e leiaute.
   - f. Pontos de venda.

6. Quais foram os erros estratégicos da empresa?
   - a. Assinar um contrato malfeito com a Xela.
   - b. Basear-se somente no *feeling*.
   - c. Não realizar pesquisa de mercado.
   - d. Instalar-se ao lado do McDonald's.
   - e. Pensar globalmente e não agir localmente.
   - f. Achar que os mineiros eram iguais aos canadenses.
   - g. Errar no planejamento estratégico: o projeto começou errado.

h. Faltar identidade (no início do Plano Real, o consumidor-alvo da Arturo's, quem sabe até de forma inconsciente, associava o consumo de frango a hábitos de consumidores de baixa renda, que não eram definitivamente o foco da empresa).

O modelo RMM (Real Management Model)

capítulo 5

> *A estratégia é uma economia de forças.*
> Carl Von Clausewitz[*]

A teoria geral dos sistemas permite-nos caracterizar as organizações empresariais como sistemas abertos que, além de buscar no ambiente seus insumos, após processá-los, voltam a colocá-los no ambiente, em forma de produtos, em resposta a determinadas demandas ambientais. Alguns autores referem-se a essa demanda como *imperativo ambiental*, salientando seu papel preponderante na sobrevivência, na manutenção, no crescimento e no desenvolvimento das organizações.

Invertendo o sentido do vetor insumo-produto, ou seja, saída → processamento → entrada, podemos entender as ideias expressas por meio de termos e expressões como *imperativo* ou *ditadura ambiental*, fenômeno que levaria as organizações à entropia quando se tornassem incapazes de dar respostas adequadas às frequentes mudanças ditadas pelo ambiente.

Analogamente a essas considerações, fundamentais para a compreensão do que se passa no campo das organizações, podemos aduzir que, também no processo de **gestão estratégica (GE)**, o ambiente é o elemento gerador e norteador de sua dinâmica.

Com base nesse pressuposto, desenvolvemos, por meio de vastas pesquisas, o modelo RMM (*Real Management Model*), que é razoavelmente simples e, além de propiciar a inclusão das complexidades características de uma metodologia de abordagem

---

[*] Clausewitz (2010).

estratégica, permite a quem o utiliza incrementá-lo ou sofisticá-lo de acordo com suas necessidades.

Esse modelo possibilita, por sua simplicidade, atender de forma efetiva às necessidades de informação para as tomadas de decisão da cúpula de diversas organizações. Foi desenvolvido, inicialmente, objetivando atingir pequenas e médias organizações, as quais, por seu dinamismo, sentem-se perdidas em um emaranhado de modelos sofisticados, complicados, caros e difíceis de serem implantados, o que tem tornado a GE um verdadeiro "bicho de sete cabeças".

Tal ferramenta atende à demanda de informação da alta administração de determinadas organizações no que tange ao processo de formulação e de gestão de suas estratégias. Explora metodologias que envolvem os diversos níveis da estrutura organizacional, capacitando os gestores a utilizar modernas técnicas cujo objetivo é compatibilizar o rumo das empresas e dos negócios com a velocidade das mudanças ambientais.

O modelo RMM, para efeitos da explanação de sua metodologia, foi dividido em algumas etapas. A primeira refere-se à elaboração do conceito da **identidade organizacional** ou **empresarial**, na qual se reuniu uma gama de ideias comumente aceitas pelos diversos autores desse campo de conhecimento, tais como: missão, vocação, negócio, ramo básico de atuação, ramo de atividade, habilidades essenciais, habilidades básicas, diretrizes e filosofia.

Como estratégia de aceleração de sua construção, foi utilizada a arquitetura heurística, que tem sido bastante eficaz em virtude de suas características de objetividade e simplicidade e pelo fato de estar ancorada em conceitos de qualidade total. Além da velocidade, essa etapa explora estrategicamente o fator *edutainment*, neologismo que significa "uma forma de aprendizagem lúdica", que vem provocando grande adesão dos atores envolvidos e gerando substanciais ganhos de credibilidade para o processo de gestão.

A segunda etapa do diagnóstico estratégico, como é conhecida no meio acadêmico, consiste em elaborar paralelamente a **auditagem interna** (da organização) e a **auditagem externa** (do ambiente que a envolve). Na interna, são checadas as fragilidades e as potencialidades de seus diversos subsistemas com o intuito de identificar os fatores mais relevantes, que alimentarão a terceira etapa do modelo. Nessa fase, são detectados os famosos pontos fortes e fracos da organização. Concomitantemente, na auditagem externa, são levantados os fatores ambientais, fora da órbita de controle da empresa, que causam impactos sobre os resultados. Nesse momento, são detectadas as oportunidades e as ameaças à organização.

Para delinear essa segunda fase, o foco foi o mapeamento externo e interno de uma organização previamente identificada. Foram compiladas e codificadas 361 variáveis, sendo que 170 delas são consideradas externas às organizações e 191, internas, apresentadas em menus específicos, de acordo com a nomenclatura de mapeamento ambiental, sugerida por Hall (1973) em suas pesquisas.

5.1

Desmitificando o modelo RMM

O objetivo desta seção é explicar como chegamos às 361 variáveis do menu padrão do RMM. A experiência de anos trabalhando com planejamento estratégico* nos permitiu perceber que o processo de diagnóstico estratégico deveria ter maior velocidade, pois as variáveis relevantes mudavam rapidamente. Portanto, seria necessário concluí-lo de forma confiável e rápida. Caso contrário, as tomadas de decisão pela cúpula das empresas seriam calcadas em fatores que já não mais prevaleciam, pois estariam desatualizados.

Sem embargo, a solução encontrada foi a de passarmos o processo de diagnóstico estratégico do "padrão analógico" (começo, meio e fim) para uma "plataforma digital" que capturasse, rapidamente e de forma descentralizada, as variáveis mais relevantes que prevaleciam em cada ciclo do diagnóstico. O que fizemos, então, foi criar um menu de variáveis ambientais ancoradas no critério de análise ambiental proposto por Hall (1973).

Na medida em que se rodava o modelo RMM em nível acadêmico, os alunos iam anexando, naquele rol já iniciado, as variáveis percebidas por eles como relevantes para suas próprias empresas, com base na nomenclatura de Hall (1973). De início, tendo em conta a percepção de variáveis que afetavam a Usiminas e outras empresas à época (observadas por meio de consultorias), esse menu foi interativamente incrementado e

---

* Verificar a seção "Sobre os autores", ao final deste livro.

codificado, pois cada variável que ainda não houvesse sido contemplada pelo modelo seria rapidamente capturada, codificada e incorporada a ele.

Quanto ao ambiente interno, as metodologias de construção dos menus foram as mesmas, mas com base em variáveis que afetassem as funções de produção, de *marketing*, de finanças e de recursos humanos.

Então, o estado da arte dessa metodologia é que as empresas passem a customizar o menu padrão de variáveis conforme suas necessidades, incluindo ou excluindo algumas delas de acordo com as próprias características.

Os menus das variáveis externas e internas são priorizados (*bottom-up*), pois se admite que aquele que ocupa cargo superior tem uma visão mais abrangente de determinada variável. Assim, chegamos às 12 variáveis de que precisamos para formular os objetivos ABC, DEF, GHI e JKL, ou seja, três ameaças, três oportunidades, três pontos fracos e três pontos fortes.

Com relação à formulação de objetivos, rapidamente fazemos aqui uma analogia com um míssil que tenha de atingir determinado alvo em um certo tempo. Os dois componentes mais importantes desse míssil seriam o vetor, ou seja, o combustível, e o alvo, isto é, a direção.

Vis-à-vis essa alegoria proposta, utilizamos em primeiro lugar a matriz SWOT – *strengths* (forças), *weaknesses* (fraquezas), *opportunities* (oportunidades) e *threats* (ameaças) – invertida (dando prioridade para o ambiente externo). Em português, pode-se usar a sigla Fofa (forças, oportunidades, fraquezas e ameaças) ou

FFOA (em respeito à sequência da terminologia inglesa). Assim, os cenários dados pelas variáveis priorizadas no ambiente externo contingenciaram a direção, isto é, os alvos. A matriz SWOT nos deu o tal vetor em dois cenários: ABC de ameaças e DEF de oportunidades. Assim, determinada empresa, no cenário ABC, tem combustível para sobreviver ou se manter? E em DEF (cenário otimista), tem combustível para crescer ou se desenvolver?

Definidos os posicionamentos anteriores nos dois cenários (pessimista e otimista), a questão se resumiu em analisar basicamente (em consonância com a matriz de Ansoff, também chamada de *produto-mercado*):

1. **Sobreviver** com quais produtos e em quais mercados?
2. **Manter-se** com quais produtos e em quais mercados?
3. **Crescer** com quais produtos e em quais mercados?
4. **Desenvolver-se** com quais produtos e em quais mercados?

Finalmente, a matriz do BCG (Boston Consulting Group) funciona na terceira etapa do jogo de matrizes, para otimizar o portfólio que a empresa precisa enfatizar. Essa matriz mostra as vantagens e as desvantagens de se haver em linha quatro tipos distintos de produtos. Em suma, almejou-se, com esse modelo, que é uma união do sólido arcabouço teórico existente em planejamento estratégico e em gestão estratégica com a prática observada em diversas empresas, fornecer e proporcionar simplicidade, agilidade, credibilidade, visibilidade e flexibilidade para o tomador de decisão, como podemos observar no esquema representado na Figura 5.1, a seguir.

FIGURA 5.1 – Estrutura geral do modelo RMM*

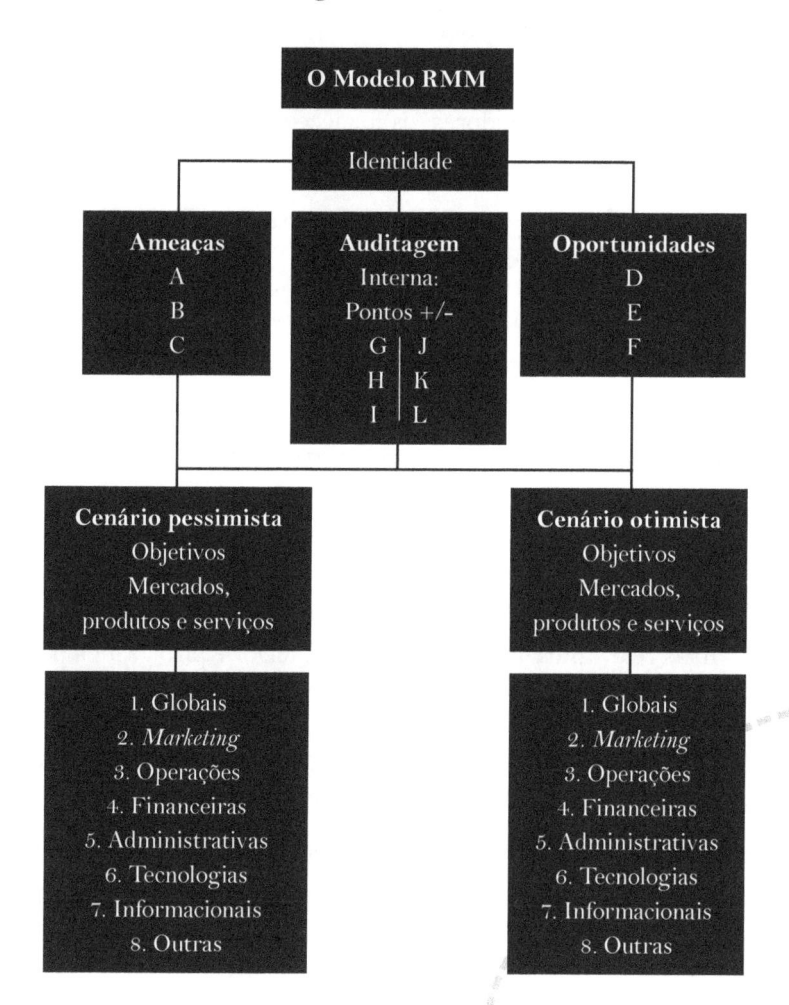

```
                        O Modelo RMM
                             |
                        Identidade
                             |
    ┌────────────────────────┼────────────────────────┐
  Ameaças                Auditagem              Oportunidades
    A                    Interna:                     D
    B                    Pontos +/-                   E
    C                      G | J                      F
                           H | K
                           I | L
    ┌────────────────────────┴────────────────────────┐
  Cenário pessimista                           Cenário otimista
    Objetivos                                    Objetivos
    Mercados,                                    Mercados,
  produtos e serviços                          produtos e serviços

    1. Globais                                  1. Globais
    2. Marketing                                2. Marketing
    3. Operações                                3. Operações
    4. Financeiras                              4. Financeiras
    5. Administrativas                          5. Administrativas
    6. Tecnologias                              6. Tecnologias
    7. Informacionais                           7. Informacionais
    8. Outras                                   8. Outras
```

* Devemos destacar que, no modelo proposto (de acordo com a Figura 5.1), o ambiente externo fica em evidência, partindo dele as estratégias de posicionamento. Em outros modelos, como a matriz SWOT, essa lógica se inverte, permanecendo o ambiente interno no alto da modelagem. Esse novo olhar para o ambiente empresarial é a pedra angular do RMM, que parte do pressuposto de que é uma boa análise do ambiente externo que permitirá a formulação de estratégias e objetivos, e não o inverso.

No macroambiente, consideramos as seguintes variáveis: econômicas, políticas, sociais, demográficas, culturais, legais, tecnológicas e ecológicas; no microambiente ou ambiente-tarefa, consideramos: os consumidores, os fornecedores, os concorrentes, a tecnologia específica do setor de atividade da empresa, as associações de classe, os sindicatos e os órgãos governamentais com atuação específica sobre a empresa.

No que concerne ao mapeamento interno, 190 variáveis foram coletadas e classificadas de acordo com os subsistemas mais significativos de uma empresa, ou seja, de produção ou de operação, de comercialização, financeiro e de recursos humanos.

Para alimentar a terceira fase de prognósticos ou da formulação dos objetivos estratégicos, tomamos como ponto de partida as ameaças, as oportunidades, os pontos fracos e os pontos fortes mais relevantes, apurados na fase anterior e priorizados por meio de um processo informatizado.

Trabalhamos dentro de uma abordagem delineadora de cenários virtuais que contingenciaram a formulação dos objetivos estratégicos. O primeiro deles foi construído por meio da abordagem conjunta das ameaças e o segundo, mediante a abordagem conjunta das oportunidades.

A formulação dos objetivos estratégicos empresariais foi realizada em dois cenários distintos, calcados no posicionamento estratégico e nas matrizes produto-mercado, BCG e SWOT, criando e favorecendo as condições para que as discussões sobre o rumo da empresa sejam realizadas pela alta administração, de forma objetiva, interativa e contingencial.

5.2

As bases teóricas do modelo RMM

Para fins didáticos, optamos por criar uma seção específica para descrever as bases teóricas utilizadas para a proposição dessa metodologia e detalhar cada tipo de matriz usada para a consolidação do inovador modelo RMM. Dessa maneira, será possível percorrer os principais modelos matriciais desenvolvidos ao longo dos anos no amplo e fecundo terreno do planejamento e da gestão estratégica, fornecendo a você, leitor, subsídios teóricos consistentes que lhe permitam avançar na compreensão do sofisticado modelo.

O posicionamento estratégico

Antes de definir a identidade da organização, já deve estar especificada qual será a estratégia de posicionamento utilizada, uma vez que a construção heurística da identidade deve permanecer alinhada com a posição assumida pela empresa em determinado mercado, tendo em vista os produtos e serviços que ela oferta (ou ofertará).

Michael Porter, ainda na década de 1980, desenvolveu um modelo de posicionamento estratégico e foi pioneiro em propor o processo analítico de estratégia tendo como substrato a estrutura do segmento. O estudioso parte da premissa de que a vantagem competitiva é uma resultante da posição definida e desempenhada pela empresa no mercado em que atua.

Por isso, Porter (1980) advoga que, para enfrentarem as forças competitivas do ambiente, as organizações devem delimitar um posicionamento estratégico a fim de adquirir tal vantagem em relação aos concorrentes. Segundo o autor, existem três estratégias principais nesse processo: liderança em custos, diferenciação e enfoque. Os dois primeiros posicionamentos são aplicados a qualquer tipo de indústria (e visa atender a indústria como um todo ou considerável parcela de um segmento), enquanto o último, menos discutido nos livros sobre estratégia, é voltado para um segmento específico e exclusivo no mercado, ou seja, a empresa objetivará alcançar vantagem competitiva somente em determinado segmento-alvo, apesar de não ter vantagem competitiva em geral. Para atender de forma efetiva a esse alvo delimitado, a empresa pode partir de dimensões sociais, demográficas, psicológicas ou geográficas, por exemplo.

FIGURA 5.2 – Tipologia genérica de Porter (1980)

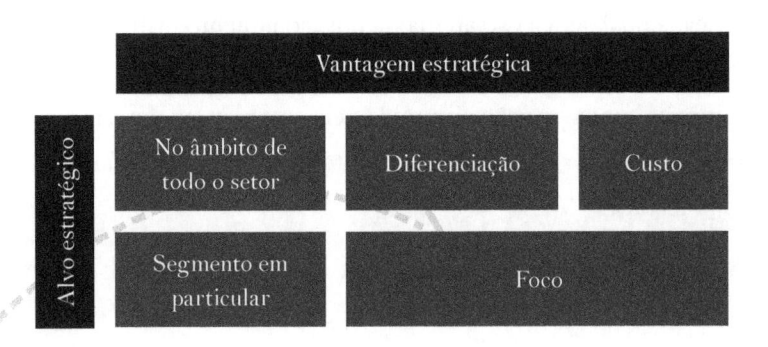

Alvo estratégico	Vantagem estratégica		
	No âmbito de todo o setor	Diferenciação	Custo
	Segmento em particular	Foco	

Fonte: Porter, 1989, p. 10.

Essa perspectiva pode ser utilizada no modelo para definições acerca da identidade da empresa, uma vez que as características heurísticas dependem de seu posicionamento no mercado.

Em síntese, a **liderança em custos** parte do pressuposto de que a empresa se posiciona por meio do baixo custo, definindo uma margem menor que a concorrência. Para atingir isso, concentra-se na fabricação de produtos padronizados e no aumento da eficiência ao longo da cadeia produtiva. Além disso, busca clientes genéricos que compram em canais de distribuição em massa e mantêm pouco contato direto com a empresa. A destinação da inovação e da tecnologia da informação para aprimoramento e troca da linha de produtos, além de suporte interno, é uma característica dessa estratégia.

Uma pastelaria, por exemplo, que atua na região central de São Paulo e vende quatro pastéis por R$ 1,50, limitados somente a dois sabores, não pretende entregar para os consumidores um produto diferenciado, exclusivo e com alto valor agregado. A posição assumida, nessa perspectiva, é vender pastéis a baixo custo (para isso, deve-se buscar reduzir ao máximo os custos do processo produtivo), ganhar no volume de vendas e, por meio dessa estratégia, maximizar o lucro.

O mesmo acontece com a Fiat na produção do modelo Uno, em que há uma tentativa de vender um carro popular a preço razoável, aproximadamente R$ 25 mil, e aumentar (ou manter) o *market share* nessa categoria de automóveis.

Em uma perspectiva oposta, a posição de diferenciação incide em uma estratégia que busca produzir e oferecer produtos ou serviços com alto valor agregado, almejando torná-lo único e diferenciado em relação à concorrência. Para tal, as empresas devem focar o conhecimento contínuo e profundo de seus clientes, com os quais precisam manter estreitos laços de relacionamento, além da customização dos produtos desenvolvidos, da integração dos *stakeholders* (funcionários, consumidores, fornecedores etc.) e do aprendizado e da inovação em conjunto.

O restaurante D.O.M, também na cidade de São Paulo, por exemplo, de propriedade do célebre *chef* Alex Atala, não pretende vender apenas refeições a preços satisfatórios e atingir um vasto mercado de pessoas que se alimentam fora de casa todos os dias. Pelo contrário, o sexto melhor restaurante do mundo, conforme a revista inglesa *Restaurant*, pretende levar aos consumidores uma incursão gastronômica e, para isso, dispõe de um ambiente harmonioso entre o clássico e o moderno (tudo escolhido cuidadosamente, da música à decoração das mesas), um menu variado com pratos vibrantes e preparados com elementos, temperos e produtos diversos, caros e raros. Entre as variações existentes no menu de jantar para a experiência gastronômica dos clientes, há quatro pratos de R$ 357,00, oito pratos de R$ 495,00 e os do reino vegetal por R$ 242,00.

Outro exemplo seria a Ferrari, que, apesar de ser uma marca do Grupo Fiat, tem posicionamento inverso ao da marca-mãe. Produz carros customizados (quase artesanais), com um número baixo de unidades por ano e que são vendidos a um preço superior a US$ 500 mil. Um carro para poucos, com *design* único, potência e esportividade, atributos observados em pouquíssimas marcas.

Já a estratégia de **enfoque** é restrita ao fato de a empresa se voltar para um escopo delimitado de compradores, de linha de produtos ou de um mercado geograficamente específico no campo de atuação da empresa (o enfoque pode contemplar tanto o posicionamento de custos quanto o de diferenciação). O perfeito alinhamento das decisões internas da empresa com esse posicionamento estratégico é fundamental para seu desenvolvimento e desempenho.

A matriz SWOT (Fofa)

Como mencionamos anteriormente, a sigla SWOT refere-se às expressões inglesas *strengths* (forças), *weaknesses* (fraquezas), *opportunities* (oportunidades) *e threats* (ameaças). Os manuais de estratégia atribuem a Albert Humphrey a criação dessa metodologia matricial de análise, referindo-se a um projeto que ele, como pesquisador, chefiou, entre as décadas de 1960 e 1970, na Universidade de Stanford, utilizando dados da revista *Fortune* (que tem ampla base com informações das 500 maiores empresas do mundo).

A matriz SWOT é uma das bases fundamentais do planejamento estratégico e constitui importante ferramenta para a condução de análises de cenário, uma vez que, por meio dela, a empresa pode verificar seu posicionamento em relação ao ambiente competitivo.

As **forças** (*strengths*) se consolidam como vantagens internas da empresa em relação às concorrentes (qualidade do produto e dificuldades existentes para imitá-lo, por exemplo) e as **fraquezas** (*weaknesses*) são as desvantagens internas da empresa em relação às concorrentes (má estrutura organizacional e eficiência operacional, o que impacta os custos de produção, por exemplo).

As **oportunidades** (*opportunities*) são atributos positivos do ambiente que a empresa pode aproveitar para aumentar sua vantagem competitiva (a visualização de um novo mercado, dadas as necessidades dos clientes atuais) e as **ameaças** (*threats*) são os elementos negativos do ambiente externo capazes de comprometer o desempenho da empresa (a organização, por exemplo, pode estar extremamente alavancada e vislumbra um cenário de crise internacional, no qual há sérias restrições de crédito e aumento das taxas de juros; essa é uma situação desfavorável e externa à empresa, mas que pode afetar seus resultados, e ela deve, portanto, tomar decisões presentes a fim de reduzir a dependência de capitais de terceiros).

Podemos notar que a matriz SWOT permite realizar ampla análise das forças internas e externas, melhorar a gestão da empresa (considerando-se que ela pode identificar pontos-chave de atuação e prioridades, além de observar onde deve atuar para mitigar efeitos negativos) e formular estratégias de posicionamento, dada a conjuntura (intra e extraempresarial).

Cumpre asseverar, como já foi apontado na alegoria do barco e da tempestade, bem como no estudo de caso da rede Arturo's, que uma empresa pode controlar as variáveis endógenas (forças e fraquezas) e atuar de forma a se alinhar ao ambiente externo, enquanto as variáveis exógenas (oportunidade e ameaças), muitas vezes, fogem completamente ao controle, mas podem ser plenamente analisadas com o intuito de a empresa fazer mudanças internas para se adequar a esse contexto.

A matriz SWOT é representada como consta na Figura 5.3.

FIGURA 5.3 – Matriz SWOT[1]

		Ambiente externo	
		Predominância de	
		Ameaças	Oportunidades
Ambiente interno	Predominância de — Pontos fracos	Sobreviver	Crescer
Ambiente interno	Predominância de — Pontos fortes	Manter	Desenvolver

Nota: [1] Cumpre asseverar que a Matriz SWOT originalmente formulada mantinha o ambiente externo acima, e o ambiente interno na lateral. Todavia, propomos inverter tal matriz, dado que, em nosso entendimento, olhar primeiramente para as ameaças e oportunidades do ambiente é a principal tarefa do planejamento e da gestão estratégica. Um exemplo que ilustra categoricamente essa visão voltada para as externalidades é bem apresentado na alegoria do Barco e a Tempestade, sendo inclusive este o tema de capa desta obra.

Por fim, é de crucial importância destacar que a matriz SWOT permite realizar uma análise combinada dos dois ambientes, internos e externos, facilitando as tomadas de decisão estratégicas e a definição do rumo de ações a serem desenvolvidas pela empresa:

- **Fraquezas e ameaças**: as estratégias formuladas e implementadas devem objetivar atenuar ou ultrapassar os pontos fracos e, na medida do possível, fazer frente às ameaças.

- **Fraquezas e oportunidades**: a empresa deve conduzir estratégias que visem a minimizar os efeitos negativos oriundos dos pontos fracos e, concomitantemente, aproveitar as oportunidades detectadas.

- **Forças e oportunidades**: as estratégias devem extrair e obter vantagens dos pontos fortes e alinhá-los para aproveitar ao máximo as oportunidades observadas no ambiente externo.

- **Forças e ameaças**: a empresa deve aproveitar ao máximo os pontos fortes que possui para enfrentar e dirimir os reflexos provenientes das ameaças detectadas.

A matriz produto-mercado

A matriz produto-mercado, também designada como *matriz de Ansoff*, percursor e pioneiro no estudo de planejamento estratégico, é um modelo aplicado para delinear as oportunidades de crescimento das unidades de negócios de uma empresa.

O próprio Igor Ansoff em seu livro *Estratégia Empresarial* (Ansoff, 1977), bem como na obra em coautoria com Declerck (Ansoff; Declerck, 1981), já discutia que, no pós-guerra (década de 1950), dado o cenário de extrema incerteza e de novas oportunidades, as organizações se voltaram para o ambiente externo, pois até então suas preocupações centrais recaíam sobre o ambiente interno (o foco principal era a produtividade e, por isso, Taylor e Fayol, por exemplo, pais da administração clássica, lançaram luz somente nesse contexto interno).

Identificada tal necessidade de análise, Ansoff propôs, além das questões suscitadas na subseção anterior (oportunidades, ameaças, pontos fortes e fracos de uma empresa) e que apenas observavam o ambiente externo no processo de formulação das estratégias – o que não é capaz de garantir a plena implementação e controle delas –, uma matriz de planejamento estratégico que representasse uma mudança significativa de análise.

Dessa maneira, Ansoff, em seu clássico livro intitulado *Corporate Strategy: an Analytic Approach to Business Policy for Growth and Expansion* (Ansoff, 1965), propõe a matriz produto-mercado. Como bem ressaltaram Mintzberg et al. (2006), tal matriz permite representar formas de posicionar a empresa diante do ambiente externo e de aperfeiçoar o negócio considerando-se quatro estratégias díspares: penetração de mercado, desenvolvimento de mercado, desenvolvimento de produto e diversificação pura.

Assim, a matriz produto-mercado mantém uma subdivisão em duas dimensões distintas: produtos (ou serviços) e mercados, sendo que, sobre essas duas dimensões, quatro estratégias podem ser formadas, conforme Mintzberg et al. (2006). A matriz produto-mercado, destarte, é utilizada para determinar oportunidades de crescimento de unidades de negócio de uma organização e pode ser representada como consta na Figura 5.4.

Figura 5.4 – Matriz produto-mercado (Ansoff)

Produto / Mercado	Atual	Novo
Atual	II Penetração de mercado	I Desenvolvimento de produtos
Novo	III Desenvolvimento de mercado	IV Diversificação

Fonte: Ansoff, 1979, p. 92.

A **penetração de mercado** é a estratégia adotada pela empresa para conquistar clientes da concorrência e aumentar sua fatia de mercado (*market share*); o **desenvolvimento de mercado** constitui a estratégia em que a organização tenciona conquistar novos mercados com os produtos já existentes; **o desenvolvimento de produtos** consiste na estratégia empresarial de desenvolver novos produtos e serviços para ofertá-los ao seu mercado atual; e a **diversificação** é a estratégia mais arriscada, pois a organização atua com um novo produto ou serviço em um novo mercado, fora do seu habitual, sendo que, nessa proposição estratégica, a empresa deve voltar as atenções para a comunicação a fim de explicar os motivos que a levaram a buscar novos mercados e a formular novos produtos, garantindo, sobretudo, sua credibilidade.

A matriz BCG

Desenvolvida por Bruce Henderson, em 1970, para a empresa de consultoria Boston Consulting Group (BCG), a matriz BCG tem como propósito nuclear servir de base para uma análise de portfólio de produtos ou de unidades de negócio, considerando-se o conceito de ciclo de vida do produto, o que a torna imprescindível para o planejamento estratégico das empresas.

Os quadrantes que resultam na matriz BCG são os seguintes:

- **Ponto de interrogação** (também designado como *criança-problema, dilema* ou *oportunidade*): é a pior situação quanto ao fluxo de caixa da empresa, uma vez que é um produto que exige vultosos investimentos e gera baixo retorno, além da pequena participação de mercado. Diante disso, e tendo em vista que a empresa está em um mercado de alto crescimento, pode se tornar um produto "estrela". Contudo, caso não seja realizada nenhuma mudança no que concerne à participação de mercado, pode exigir e absorver altos investimentos, vindo a tornar-se um "abacaxi".

- **Abacaxi** (em outros manuais, recebe também a denominação de *cão* ou *vira-lata*, epítetos dissonantes com a realidade brasileira): em linhas gerais, as empresas devem evitar e mitigar os chamados *abacaxis*, devendo investir neles apenas com o intuito de tentar recuperação ou reposicionamento. Todavia, em virtude dos custos e dos planos de retomada, caso não dê certo essa estratégia, a melhor alternativa é ignorá-los e abandoná-los, evitando-se maiores problemas para a organização e para sua rentabilidade.

- **Estrela**: exige altos investimentos e tem boa participação no mercado, o que maximiza a geração de receitas e aproveita as taxas de crescimento potencialmente elevadas. Com relação ao fluxo de caixa, tem uma situação equilibrada, mas deve manter a participação de mercado para não se tornar uma "vaca leiteira".

- **Vaca leiteira**: tem geração de caixa elevada e altos lucros, além de ter baixo crescimento do mercado, o que não exige substanciais investimentos. Pode ser utilizado pela empresa para manter a rentabilidade alcançada e preserva a fatia de mercado que ocupa.

Tendo descrito a metodologia dos quadrantes que compõem a matriz, apresentamos a representação visual da matriz BCG na Figura 5.5.

FIGURA 5.5 – A matriz BCG

	Participação relativa de mercado	
	Alta	Baixa
Crescimento do mercado — Alto	Estrela	Em questionamento
Crescimento do mercado — Baixo	Vaca leiteira	Abacaxi

Fonte: Arbache, 2012.

Vale aqui considerar que as empresas podem optar por lançar seus novos produtos ou serviços em qualquer um dos quadrantes da matriz BCG, com a ressalva de que, comumente, as empresas querem fazer esse lançamento em mercados que apresentam altas taxas de crescimento, o que favorece, potencialmente, as chances de sucesso da iniciativa de negócio.

Por isso, a maioria dos lançamentos está posicionada no quadrante **dilema**, no qual o produto, sendo sucesso e tornando-se líder de mercado em forte crescimento, tornar-se-á **estrela**; com o passar do tempo, o movimento natural é o de redução das taxas de crescimento, levando o produto à condição de **vaca leiteira**, desde que seja mantida a liderança de mercado. Na hipótese de a empresa perder essa posição líder, o produto vai se transformar em um **abacaxi**. Invariavelmente, os produtos de sucesso tendem a percorrer esses quatro estágios. Em alguns casos, as empresas conseguem mantê-los na condição de vaca leiteira, aproveitando-se da lucratividade do período estrela, mas sem deixar que chegue à condição de abacaxi.

Fazendo uma alusão ao **ciclo de vida do produto**, representado na Figura 5.6, temos que os dilemas estariam associados à fase de introdução, as estrelas, ao período de crescimento, as vacas leiteiras, à maturidade e os abacaxis, à fase de declínio.

Figura 5.6 – Ciclo de vida x matriz BCG

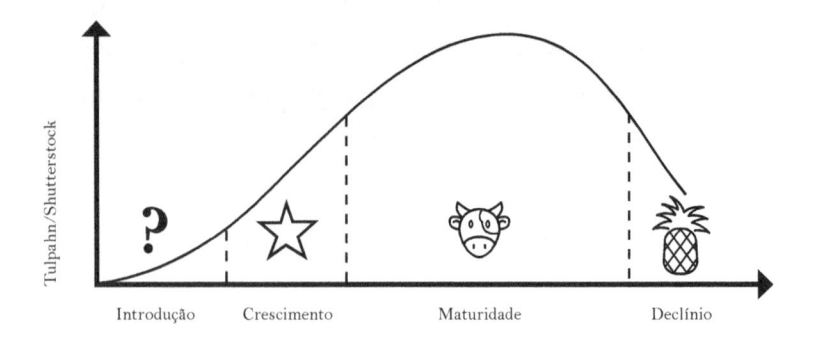

Fonte: Arbache, 2012.

O próprio Bruce Henderson, criador da matriz BCG, enfatizava que, para ter sucesso, uma empresa deve ter um portfólio de produtos com distintas taxas de crescimento e díspares participações no mercado. A composição desse portfólio é uma função do equilíbrio entre os fluxos de caixa. Produtos de alto crescimento exigem injeções de dinheiro para crescer, enquanto produtos de baixo crescimento devem gerar excesso de caixa. Ambos são necessários em simultâneo, residindo aí o fator essencial de criação de valor das firmas (Henderson, 1984).

Após percorrer todo o arcabouço teórico que serve de sustentação para o modelo proposto, é importante considerar que, com base nessas metodologias e matrizes, o modelo RMM procurou fazer aprimoramentos e permitiu a elaboração de cenários distintos de maneira assaz interativa. Superada essa etapa, surgiu a fase final, que consistiu no delineamento das estratégias ou na escolha das linhas de ação mais adequadas ao alcance dos objetivos previamente estabelecidos.

Nessa última fase, foram consideradas duas "famílias" de estratégias, ou seja, aquelas do cenário pessimista e aquelas do cenário otimista, que finalmente foram desdobradas em planos operacionais, ou planos de ação, conectando ações efetivas ao processo global.

O modelo RMM constitui-se, portanto, em uma metodologia de gestão empresarial que capta os recursos internos de inteligência já existentes nas organizações e transforma-os em fluxos de informação aptos a promover a interlocução entre os níveis da alta administração e os demais, no que se refere às formulações e às implementações de caráter estratégico.

Esperamos que esse modelo possa ser considerado um novo passo na direção do instigante tema do planejamento e da gestão, para o qual estarão, sem dúvida, convergindo os campos das novas tecnologias gerenciais e da informação. Ao longo da apresentação das etapas do modelo, demonstraremos como o substrato teórico apresentado foi conjugado e inter-relacionado no modelo RMM.

5.3

A identidade organizacional

A missão é a razão de ser de uma organização e deve, portanto, exprimir sua vocação, a natureza de suas atividades, explicitando seu campo de ação e considerando os horizontes sob os quais ela atua ou deverá atuar no futuro.

Entendemos que, no processo de construção da identidade, o conceito de **missão** deve ser ampliado no sentido de se fazer referência, em primeiro lugar, às características das solicitações ambientais e, em segundo lugar, à ação a ser desencadeada pela empresa a fim de colocar em oferta produtos ou de prestar serviços que atenderão às necessidades previamente explicitadas. Comparativamente, a importância da missão para a organização é a mesma que a da bússola para um navio ou um avião.

Sob esse conceito ampliado, podemos entender que uma empresa de cinema atende às necessidades de diversão da população, que uma empresa ferroviária atende às exigências de transporte e que uma firma de consultoria atende às solicitações de informação de seus clientes.

Essa formatação ampliada de missão permite, por exemplo, vislumbrar que uma farmácia possa entrar no ramo de produtos de higiene pessoal, que uma empresa distribuidora de alimentos possa entrar no ramo de sementes, que uma empresa de pintura possa atuar também na área de revestimentos e que um hotel possa operar como centro de convenção.

Embora deva ter amplitude suficiente para abranger o horizonte potencial de atuação da organização, a missão tem de ser concisa, visando a delimitar com nitidez seu campo de ação.

Para cobrir o espaço entre a amplitude e a concisão, que deve permear o estabelecimento da identidade, sugerimos, na prática, que sua elaboração deva ser feita na seguinte sequência de etapas:

1. Especifique o(s) segmento(s) a ser(em) atendido(s) pela organização ou empresa.

2. Explicite de maneira clara as características dessa demanda, procurando dar prioridade às mais relevantes.

3. Relate a ação a ser desencadeada pela organização para fazer frente à demanda dos segmentos anteriormente especificados.

4. Arrole as atividades em que a organização ou empresa se envolve ou aquelas que integram sua cadeia produtiva.

5. Finalmente, faça alusão aos valores preconizados pelos dirigentes ou compartilhados pelos participantes, refletidos na cultura, no clima ou na filosofia de ação da organização ou empresa.

Não são poucas as organizações que conceituam sua missão enfocando apenas os aspectos relativos às suas atividades e à sua filosofia. Entendemos que isso é uma falha, pois apenas os melhores aspectos intrínsecos a um produto não garantem a satisfação da demanda.

Van Gogh, por exemplo, em toda a sua vida conseguiu vender apenas um de seus magníficos quadros. Entretanto, em maio de 1990, levado a leilão, em Nova Iorque, *O retrato do Dr. Gachet* atingiu a cifra de 82,5 milhões de dólares. O produto permanecera o mesmo, porém a demanda havia mudado radicalmente.

A formatação da identidade deve ser um processo de montagem participativa e, somente após ultrapassá-lo, a empresa poderá elaborar seu diagnóstico, estabelecer seus objetivos e suas estratégias empresariais, enfim, como alude Peter Drucker, "começar a trabalhar" no processo de gestão estratégica (Drucker, 1954).

Não fosse somente pelos argumentos anteriores, entendemos também que a formatação da identidade nos moldes sugeridos permite que, mesmo em níveis organizacionais e em atividades distintas, qualquer participante da organização possa situar-se avaliando sua própria contribuição ao resultado global.

Essa característica vem facilitar a importante tarefa da gestão empresarial, que é a de conciliar e compatibilizar as atividades implementadas pelos diversos níveis organizacionais com o rumo a ser seguido pela organização como um todo.

Vejamos, mediante um modelo heurístico e de exemplos concretos, como a fusão dos diversos conceitos amplia, facilita, acelera e torna mais consistente a etapa fundamental da construção da identidade.

QUADRO 5.1 – Construção heurística da identidade

Ação a ser desencadeada	Assegurar	Estimular	Suprir
	Atender	Satisfazer	Contribuir
	Assistir	Substituir	Garantir
Especificidade da demanda	Impulsos	Caprichos	Reclamações
	Anseios	Desejos	Necessidades
	Requisições	Ambições	Ímpetos
	Solicitações	Vontades	Pedidos
	Carências	Aspirações	Extravagâncias
	Demandas	Exigências	Interesses

(continua)

(Quadro 5.1 – conclusão)

Ambiência de atuação	Determinado segmento Distribuidores Eleitores Estudantes Fiéis Indústrias Instituições Investidores Menores carentes	Pessoas físicas Pessoas jurídicas Org. do governo População Profis. liberais Sociedade civil Associados Agremiações Classe de renda X	Classe teatral Cidadãos Comércio Contribuintes Crianças Jovens Adultos Idosos Consumidores Comunidade
Atividades cogitadas	Análise Aperfeiçoamento Animação Assistência técnica Comercialização Criação Desenvolvimento Difusão Distribuição Educação Especialização	Execução Financiamento Fomento Formação Gerenciamento Gestão Implementação Informação Informatização Inovação Intermediação	Manutenção Prospecção Oferta Solução Promoção Pesquisa Planejamento Prest. de serviços Produção Projeto Programação
Filosofia	Agilidade Autossustentação Competitividade Criatividade Diferenciação Ecologia	Eficácia Eficiência Filantropia Globalidade Holismo Participação	Síntese Patriotismo Transparência Lucratividade Qualidade de vida

Exemplos de identidade organizacional

Alguns exemplos, extremamente didáticos e de fácil compreensão, foram desenvolvidos baseados na construção heurística de identidade anteriormente exposta.

- **Hotel**: satisfazer a demanda específica de pessoas temporariamente fora de seu hábitat natural, oferecendo serviços de hospedagem de qualidade, centrados no bem-estar do hóspede, procurando, de forma lucrativa, atender às suas necessidades de abrigo, segurança, repouso, reunião, lazer e alimentação.

- **Escola pública**: garantir as aspirações por formação e educação de determinada parcela da sociedade, por meio do ensino centrado no indivíduo, sujeito de sua própria transformação e em sua atuação no ambiente em que está inserido.

- **Entidade beneficente**: atender holisticamente à parcela mais necessitada da população brasileira por meio da implementação de convênios com associações comunitárias e instituições cristãs, desenvolvendo projetos que visem ao aumento da qualidade de vida dessa camada, sujeitos de sua própria transformação.

- **Agência de publicidade**: suprir as necessidades de assessoria na área da comunicação e de divulgação de empresas, produtos, serviços e pessoas físicas, por meio do planejamento, da criação e da execução, em bases lucrativas e competitivas, de campanhas publicitárias, promoções, anúncios e marcas institucionais.

- **Confecção feminina**: satisfazer as exigências da demanda por roupas femininas de qualidade, conforto e beleza, possibilitando à clientela o acompanhamento contínuo da moda, por meio da pesquisa, da criação, da produção e da comercialização de produtos atualizados e diferenciados.

Após a observação das questões ligadas à identidade, chega-se a uma fase determinante: o diagnóstico estratégico, que exige, sobretudo, ampla colaboração e envolvimento de todos da empresa.

5.4

O diagnóstico estratégico

Trata-se, nesta etapa, de efetuar um diagnóstico cujo objetivo é colocar em tela os fatores ambientais e internos mais relevantes, que têm acarretado os maiores impactos sobre as organizações.

Esse diagnóstico deve ser elaborado tendo como "motor" o envolvimento e a participação dos colaboradores. Nesse processo, os principais membros da cúpula e dos escalões médios são instados a analisar e a priorizar os impactos provocados sobre a organização advindos de fatores ambientais.

Para efeito de aceleração do processo de diagnóstico estratégico, compilamos e codificamos um total de 361 variáveis, sendo 170 externas e 191 internas, tendo como fonte de coleta as variáveis explicitadas em trabalhos de pesquisa acadêmica. Salientamos que o conjunto das variáveis externas está incluído em menus apresentados de acordo com o formato de análise ambiental, sugerido por Hall (1973).

A auditagem externa

A auditagem externa deve ser implementada em duas fases, nas quais se procura detectar as maiores ameaças e as maiores oportunidades oferecidas pelo ambiente à organização.

Na primeira fase, são levantados alguns fatores da ambiência específica da organização, conhecida na literatura de planejamento estratégico como *ambiente-tarefa*, uma tradução literal de *task-environment*. Nessa ambiência se destacam: os fornecedores, os consumidores, os concorrentes, a tecnologia específica do setor em que a organização atua, as associações de classe, os sindicatos e os órgãos governamentais que atuam sobre a organização.

Na segunda fase da auditagem externa, são levantados os fatores ambientais gerais, comuns a todas as organizações, ou macroambiente, que, para efeitos de análise, pode ser desmembrado nas seguintes variáveis: econômicas, políticas, sociais, ecológicas, demográficas, culturais, legais e tecnológicas.

QUADRO 5.2 – Mapeamento ambiental

Macroeconômicas		Microeconômicas		
1. Econômicas	ECN	1. Consumidores	csd
2. Políticas	POL	2. Concorrentes	ccr
3. Sociais	SOC	3. Fornecedores	for
4. Ecológicas	ECO	4. Tecnologia	tec
5. Demográficas	DEM	5. Associações de classe	asc
6. Culturais	CUL	6. Sindicatos	sin
7. Legais	LEG	7. Órgãos do governo	ogo
8. Tecnológicas	TEC		

Avançando nessa seara, apresentamos no Quadro 5.3 todas as variáveis identificadas. Esse trabalho detalhado permite uma análise ampla e geral, sendo uma espécie de pedra angular do planejamento estratégico em seu sentido mais lato.

QUADRO 5.3 – Variáveis macro e micro e fontes de ameaças e de oportunidades

COD – Variáveis macro	Ameaça	Oportunidade
Econômicas		
ECN 01 – Conjuntura econômica mundial. Tendências.		
ECN 02 – Atuação dos grandes blocos econômicos. Tendências.		
ECN 03 – Liquidez do mercado financeiro internacional. Tendências.		
ECN 04 – Transações internacionais comerciais e financeiras.		
ECN 05 – Taxa de juros internacionais. Tendências.		
ECN 06 – Exposição da economia à concorrência internacional.		
ECN 07 – Comportamento global e economia do país. Tendências.		
ECN 08 – Evolução do PIB. Tendências.		
ECN 09 – Balanço de pagamentos. Tendências.		

(continua)

(Quadro 5.3 – continuação)

COD – Variáveis macro	Ameaça	Oportunidade
ECN 10 – Balança comercial. Tendências.		
ECN 11 – Exportações globais e setoriais. Tendências.		
ECN 12 – Importações globais e setoriais. Tendências.		
ECN 13 – Déficit público. Tendências.		
ECN 14 – Taxas de câmbio. Tendências.		
ECN 15 – Salários e reajustes salariais. Tendências.		
ECN 16 – Distribuição da renda nacional e renda *per capita*.		
ECN 17 – Remessa de juros a credores internacionais. Tendências.		
ECN 18 – Fluxo de recursos externos. Tendências.		
ECN 19 – Índices de inflação. Tendências.		
ECN 20 – Taxas de juros internas. Tendências.		
ECN 21 – Mercado financeiro e de capitais. Tendências.		
ECN 22 – Incentivos fiscais e creditícios.		
ECN 23 – Endividamento externo do país a curto/médio prazos.		
ECN 24 – Comportamento da economia dos países parceiros.		

(Quadro 5.3 – continuação)

COD – Variáveis macro	Ameaça	Oportunidade
ECN 25 – Instabilidade econômica. Tendências.		
ECN 26 – Oscilação dos ativos de risco: dólar, ouro, ações.		
ECN 27 – Existência de mercados informais (negro).		
ECN 28 – Inexistência de planos econômicos de longo prazo.		
ECN 29 – Perspectivas de crescimento econômico.		
ECN 30 – Outras variáveis econômicas.		
Políticas		
POL 01 – Relações internacionais.		
POL 02 – Relacionamento com o capital internacional.		
POL 03 – Estabilidade das instituições.		
POL 04 – Conjuntura política.		
POL 05 – Desregulamentação nas órbitas federal, estadual e municipal.		
POL 06 – Privatização.		
POL 07 – Estabilidade dos partidos políticos.		
POL 08 – Poder de barganha das associações de classe.		
POL 09 – Poder de barganha das associações de bairros.		
POL 10 – Poder de barganha das associações de consumidores.		

(Quadro 5.3 – continuação)

COD – Variáveis macro	Ameaça	Oportunidade
POL 11 – Política fiscal.		
POL 12 – Política governamental de exportação e importação.		
POL 13 – Política habitacional.		
POL 14 – Política salarial do governo.		
POL 15 – Outras variáveis políticas.		
Sociais		
SOC 01 – Nível de emprego na economia.		
SOC 02 – Economia informal.		
SOC 03 – Relações sindicais.		
SOC 04 – Tendências ao consumo ou à poupança.		
SOC 05 – Distribuição de renda.		
SOC 06 – Poder aquisitivo da população.		
SOC 07 – Agravamento das tensões sociais urbanas.		
SOC 08 – Outras variáveis sociais.		
Ecológicas		
ECO 01 – Preservação do meio ambiente.		
ECO 02 – Qualidade de vida da população.		
ECO 03 – Recursos minerais.		
ECO 04 – Variações climáticas.		
ECO 05 – Recursos naturais.		

(Quadro 5.3 – continuação)

COD – Variáveis macro	Ameaça	Oportunidade
ECO 06 – Outras variáveis ecológicas.		
Demográficas		
DEM 01 – Janela demográfica.		
DEM 02 – Crescimento demográfico.		
DEM 03 – Expectativa de vida da população.		
DEM 04 – Nível de urbanização.		
DEM 05 – Migração.		
DEM 06 – Massas sobrantes.		
DEM 07 – Distribuição da população por idade.		
DEM 08 – Distribuição da população por sexo.		
DEM 09 – Distribuição da população por raça ou cor.		
DEM 10 – Distribuição da população por nível de renda.		
DEM 11 – Distribuição da população por área geográfica.		
DEM 12 – Outras varáveis demográficas.		
Culturais		
CUL 01 – Grau de alfabetização.		
CUL 02 – Disponibilidade de mão de obra especializada.		
CUL 03 – Religiosidade.		
CUL 04 – Audiência popular e influência das redes de TV.		

(Quadro 5.3 – continuação)

COD – Variáveis macro	Ameaça	Oportunidade
CUL 05 – Globalização das redes de comunicação.		
CUL 06 – Audiência e influência das redes de rádio.		
CUL 07 – Acesso a jornais, revistas e periódicos.		
CUL 08 – Segmentação resultante das características culturais.		
CUL 09 – Efeitos da massificação da comunicação.		
CUL 10 – Desenraizamento da população.		
CUL 11 – Tendência ao comportamento individualista.		
CUL 12 – Colonização cultural ou mimetismo cultural.		
CUL 13 – Aspectos éticos.		
CUL 14 – Imagem das empresas estatais e públicas.		
CUL 15 – Valorização da consciência de cidadania.		
CUL 16 – Corrupção.		
CUL 17 – Perfil da classe empresarial.		
CUL 18 – Outras variáveis culturais.		
Legais		
LEG 01 – Legislação tributária e fiscal.		

(Quadro 5.3 – continuação)

COD – Variáveis macro	Ameaça	Oportunidade
LEG 02 – Aspectos da legislação que protegem a empresa nacional.		
LEG 03 – Legislação trabalhista.		
LEG 04 – Legislação sindical.		
LEG 05 – Legislação relacionada a marcas e patentes.		
LEG 06 – Legislação de uso de solo e meio ambiente.		
LEG 07 – Legislação em relação ao setor de informática.		
LEG 08 – Outras variáveis legais.		
Tecnológicas		
TEC 01 – Frequência das mudanças tecnológicas.		
TEC 02 – Incentivos à pesquisa e ao desenvolvimento tecnológico.		
TEC 03 – Adaptação às mais recentes mudanças tecnológicas.		
TEC 04 – Acesso a fontes produtoras ou fornecedoras de tecnologia.		
TEC 05 – Possibilidade de transferência de tecnologia.		
TEC 06 – Impacto global das mudanças tecnológicas.		
TEC 07 – Outras variáveis tecnológicas.		

(Quadro 5.3 – continuação)

COD – Variáveis micro	Ameaça	Oportunidade
Consumidores		
csd 01 – Atitudes de compra: hábitos, frequência.		
csd 02 – Localização.		
csd 03 – Acesso a linhas de financiamento.		
csd 04 – Tendências de consumo.		
csd 05 – Perfil do consumidor final.		
csd 06 – Perfil dos consumidores intermediários.		
csd 07 – Nível de qualidade requerido.		
csd 08 – Prazo de pagamento exigido.		
csd 09 – Nível de inadimplência.		
csd 10 – Sazonalidade das compras.		
csd 11 – Nível de necessidade existente.		
csd 12 – Resistência às inovações.		
csd 13 – Nicho mercadológico.		
csd 14 – Possibilidade de implementação de franquias.		
csd 15 – Potencial de crescimento do número de consumidores.		
csd 16 – Outras variáveis de consumidores.		
Concorrentes		
ccr 01 – Imagem no mercado.		
ccr 02 – Número e participação de mercado.		

(Quadro 5.3 – continuação)

COD – Variáveis micro	Ameaça	Oportunidade
ccr 03 – Preços praticados e prazos concedidos.		
ccr 04 – Tecnologia que dominam e que utilizam.		
ccr 05 – Estrutura gerencial.		
ccr 06 – Faturamento.		
ccr 07 – Lucratividade.		
ccr 08 – Orçamento de publicidade.		
ccr 09 – Existência de pesquisa e desenvolvimento.		
ccr 10 – Força de venda e assistência técnica.		
ccr 11 – Salários e comissões pagas.		
ccr 12 – Estrutura de capital.		
ccr 13 – Endividamento de curto, médio e longo prazos.		
ccr 14 – Entrada ou saída de novos concorrentes.		
ccr 15 – Viabilidade de implementação de franquias.		
ccr 16 – Inexistência de concorrentes.		
ccr 17 – Poder de barganha dos concorrentes.		
ccr 18 – Localização.		
ccr 19 – Outras variáveis de concorrentes.		
Fornecedores		
for 01 – Perfil do fornecedor.		
for 02 – Negociação.		
for 03 – Atitudes.		

(Quadro 5.3 – continuação)

COD – Variáveis micro	Ameaça	Oportunidade
for 04 – Localização.		
for 05 – Oferta global, opções de fontes de fornecimento.		
for 06 – Condições de preços e prazos de pagamento.		
for 07 – Condições de transporte.		
for 08 – Condições de abastecimento.		
for 09 – Condições de entrega.		
for 10 – Condições de descontos.		
for 11 – Nível de qualidade.		
for 12 – Sazonalidade.		
for 13 – Possibilidade de implementação de parcerias.		
for 14 – Outras variáveis de fornecedores.		
Tecnologia		
tec 01 – Impacto localizado das mudanças tecnológicas.		
tec 02 – Impacto sobre nível de qualidade dos produtos/serviços.		
tec 03 – Impacto sobre a capacitação da mão de obra.		
tec 04 – Impacto sobre os custos e sobre o controle da produção.		
tec 05 – Impacto sobre os pontos de distribuição.		
tec 06 – Acesso às fontes produtoras de tecnologia.		
tec 07 – Registro de marcas e patentes.		

(Quadro 5.3 – continuação)

COD – Variáveis micro	Ameaça	Oportunidade
tec 08 – Transferência tecnológica.		
tec 09 – Hiato em relação ao estado da arte dos competidores.		
tec 10 – Existência de caixas-pretas.		
tec 11 – Capacidade de adaptação a diferentes padrões tecnológicos.		
tec 12 – Disponibilidade de tecnologia no mercado.		
tec 13 – Outras variáveis de tecnologia.		
Associações de classe		
asc 01 – Imagem institucional.		
asc 02 – Atuação e influência na sociedade.		
asc 03 – Trânsito nos órgãos governamentais.		
asc 04 – Poder de barganha.		
asc 05 – *Lobbies*.		
asc 06 – Outras variáveis de associações de classe.		
Sindicatos		
sin 01 – Ideologia dominante na direção.		
sin 02 – Número de filiados.		
sin 03 – Capacidade de mobilização.		
sin 04 – Poder de arregimentação.		

(Quadro 5.3 – conclusão)

COD – Variáveis micro	Ameaça	Oportunidade
sin 05 – Atuação em acordos trabalhistas.		
sin 06 – Integração com outros sindicatos.		
sin 07 – Representação parlamentar.		
sin 08 – Outras variáveis de sindicatos.		
Órgãos governamentais		
ogo 01 – Perfil.		
ogo 02 – Poder de coerção ou de intervenção.		
ogo 03 – Imagem institucional.		
ogo 04 – Outras variáveis de órgãos governamentais.		

A auditagem interna

Paralelamente à auditagem externa, que trabalha com o ambiente, deve ser elaborada a auditagem interna da organização. Nessa etapa, em primeiro lugar, é preciso delimitar o campo específico de cada subsistema da empresa.

Aconselhamos que a auditagem interna comece pelo subsistema organizacional de operações ou de produção, por serem as atividades mais palpáveis da empresa e por trabalharem com a força viva da organização. Sugerimos também que, evocando a participação dos membros dos diversos escalões da organização, a auditagem interna seja realizada de maneira processual.

Portanto, na elaboração do diagnóstico das principais áreas operacionais, o caráter processual da gestão estratégica deve preponderar, sobretudo quanto aos aspectos comportamentais em que se envolvem os participantes do processo.

O resultado esperado desse processo de diagnóstico é que possam ser identificados e priorizados os pontos fortes e fracos da organização como um todo. Talvez o fluxo estabelecido no sentido dos subsistemas operacionais para os gerenciais, até alcançar a alta administração da organização, seja o caminho mais adequado para se chegar aos resultados desejados nessa etapa.

Tendo em vista essas considerações, apresentamos no Quadro 5.4 uma sugestão de roteiro para a auditagem interna, que tem como protótipo um mapeamento de diversas variáveis coletadas e classificadas de acordo com os subsistemas mais significativos de uma organização, ou seja, de produção ou operação, de comercialização, de finanças e de recursos humanos, além de algumas variáveis consideradas globais.

QUADRO 5.4 – Variáveis internas em subsistemas: os pontos fortes e fracos

Subsistemas				
Produtivo	Mercadológico	Administrativo	Financeiro	Global
P	M	A	F	G

COD. Variáveis internas – subsistemas	Pontos –	Pontos +
Produtivo		
P 01 – Localização da planta.		
P 02 – Adequação das instalações.		
P 03 – Leiaute.		

(continua)

(Quadro 5.4 – continuação)

COD. Variáveis internas – subsistemas	Pontos –	Pontos +
P 04 – Idade e conservação dos equipamentos.		
P 05 – Manutenção e reposição de peças sobressalentes.		
P 06 – Atualização tecnológica dos equipamentos.		
P 07 – Riscos de incêndio e acidentes.		
P 08 – Comprometimento dos fornecedores.		
P 09 – Nível de qualidade da matéria-prima.		
P 10 – Cumprimento dos prazos de entrega.		
P 11 – Confiabilidade das fontes de suprimento.		
P 12 – Centralização de compras.		
P 13 – Rotatividade de estoques.		
P 14 – Estoques: matéria-prima, intermediários, final.		
P 15 – Almoxarifado.		
P 16 – Produtividade operacional.		
P 17 – Grau de utilização da capacidade instalada.		
P 18 – Adequação da capacidade instalada.		
P 19 – Programação e controle da produção.		
P 20 – Proteção contra espionagem industrial.		
P 21 – Sistema de transporte.		
P 22 – Integração com a área de comercialização.		
P 23 – Manutenção do nível de qualidade dos produtos e/ou serviços.		

(Quadro 5.4 – continuação)

COD. Variáveis internas – subsistemas	Pontos –	Pontos +
P 24 – Índice de rejeição por defeitos no processo produtivo.		
P 25 – Sistema de apropriação dos custos industriais.		
P 26 – Critérios de apropriação dos custos industriais.		
P 27 – Tendências dos custos industriais.		
P 28 – Adequação das normas e dos procedimentos.		
P 29 – Índices de absenteísmo, acidente, gravidade e rotatividade pessoal.		
P 30 – Grau de mecanização ou informatização do processo produtivo.		
P 31 – Grau de informatização da área.		
P 32 – Capacidade de passar do nível mecanizado para o informatizado.		
P 33 – Possibilidade de absorção de novas tecnologias de processo.		
P 34 – Investimentos em pesquisa e desenvolvimento.		
P 35 – Planos de treinamento e intercâmbio do pessoal de operação.		
P 36 – Estrutura organizacional da área de operações.		
P 37 – Relacionamento com as demais áreas funcionais da empresa.		
P 38 – Qualidade dos produtos e/ou dos serviços.		
P 39 – Flexibilidade da(s) linha(s) de produção.		
P 40 – Custo de fabricação dos produtos.		
P 41 – Descentralização de compras.		

(Quadro 5.4 – continuação)

COD. Variáveis internas – subsistemas	Pontos –	Pontos +
P 42 – Condições do ambiente: poluição, ventilação e iluminação.		
P 43 – *Design* dos produtos.		
Mercadológico		
M 01 – Evolução do volume global de vendas.		
M 02 – Evolução das vendas por produto.		
M 03 – Evolução da parcela de mercado.		
M 04 – Adequação da força de vendas.		
M 05 – Área geográfica de atuação.		
M 06 – Critério de estabelecimento de cotas.		
M 07 – Ajudas de custo, comissões ou prêmios aos vendedores.		
M 08 – Nível de informações recebidas e repassadas às chefias.		
M 09 – Grau de informatização da área de comercialização.		
M 10 – Equipe de vendas.		
M 11 – Critério de escolha dos revendedores e dos pontos de venda.		
M 12 – Verba destinada à propaganda e à promoção de produtos.		
M 13 – Veículos de comunicação utilizados.		
M 14 – Adequação do processo de divulgação e veiculação.		
M 15 – Relacionamento com agências de propaganda.		
M 16 – Qualidade dos releases e *house organs*.		
M 17 – Estratégias de preços.		

(Quadro 5.4 – continuação)

COD. Variáveis internas – subsistemas	Pontos –	Pontos +
M 18 – Estratégias de descontos.		
M 19 – Garantia, assistência técnica e pós-venda.		
M 20 – Sazonalidade de vendas.		
M 21 – Ciclo de vida dos produtos.		
M 22 – Complementaridade da linha de produtos.		
M 23 – Rede de distribuição.		
M 24 – Exclusividade dos pontos de venda.		
M 25 – *Merchandising*.		
M 26 – Capacidade de criar e inovar.		
M 27 – Capacidade de lançar novos produtos.		
M 28 – Capacidade de implementar franquias.		
M 29 – Participação em feiras e eventos relativos ao setor.		
M 30 – Existência e qualidade das pesquisas de mercado.		
M 31 – Capacidade de penetração em novos nichos.		
M 32 – *Telemarketing/Marketing* Digital		
M 33 – Exportação.		
M 34 – Imagem da empresa no mercado.		
M 35 – Posição da empresa em relação aos principais concorrentes.		
M 36 – Relacionamento com os clientes; atendimento.		
M 37 – Equilíbrio e adequação do portfólio de produtos.		
M 38 – Estrutura organizacional da área.		

(Quadro 5.4 – continuação)

COD. Variáveis internas – subsistemas	Pontos –	Pontos +
M 39 – Relacionamento com a área de operação.		
M 40 – Relacionamento com as demais áreas da empresa.		
M 41 – Índice de reclamação de clientes.		
M 42 – Amplitude da linha de produtos.		
M 43 – Estratégia global de *marketing*.		
M 44 – Poder de barganha com fornecedores, clientes e concorrentes.		
M 45 – Segmentação de mercado.		
M 46 – Embalagem.		
M 47 – Marca.		
M 48 – Experiência em atividades comerciais.		
Financeiro		
F 01 – Evolução do faturamento.		
F 02 – Evolução do faturamento por produto ou serviço.		
F 03 – Observação do axioma de Pareto: lei dos 80/20.		
F 04 – Análise e controle dos custos operacionais.		
F 05 – Apuração e evolução da margem de contribuição.		
F 06 – Evolução das despesas de venda em relação ao faturamento.		
F 07 – Evolução das despesas administrativas em relação ao custo dos produtos vendidos (CPV).		
F 08 – Compatibilização das despesas e receitas não operacionais.		

(Quadro 5.4 – continuação)

COD. Variáveis internas – subsistemas	Pontos –	Pontos +
F 09 – Qualidade dos sistemas de registros contábeis.		
F 10 – Confiabilidade dos principais demonstrativos financeiros.		
F 11 – Estrutura de capital.		
F 12 – Acesso a fontes de financiamentos no país e no exterior.		
F 13 – Gerenciamento do sistema orçamentário.		
F 14 – Planejamento de investimentos em capital fixo.		
F 15 – Controle do fluxo de caixa.		
F 16 – Compatibilidade dos prazos de pagamento e de recebimento.		
F 17 – Posição do capital de giro.		
F 18 – Controladoria financeira: caixa, contas a pagar e a receber.		
F 19 – Critérios de avaliação dos estoques.		
F 20 – Alavancagem financeira.		
F 21 – Perfil do endividamento de curto prazo.		
F 22 – Perfil do endividamento de longo prazo.		
F 23 – Acompanhamento da evolução das taxas de juros.		
F 24 – Acompanhamento dos fornecedores e concorrentes.		
F 25 – Acesso a operações financeiras sofisticadas.		
F 26 – Potencial de aumento do capital próprio.		

(Quadro 5.4 – continuação)

COD. Variáveis internas – subsistemas	Pontos –	Pontos +
F 27 – Distribuição dos resultados aos quotistas ou acionistas.		
F 28 – Existência de partes beneficiárias.		
F 29 – Adequação dos critérios de depreciação adotados.		
F 30 – Possibilidade de contornar ou tirar partido do sistema tributário.		
F 31 – Grau de informatização da área financeira.		
F 32 – Qualidade das projeções financeiras.		
F 33 – Previsões fiscais e salariais.		
F 34 – Evolução do custo de capital.		
F 35 – Participação em outras empresas e interparticipações.		
F 36 – Qualidade e vulto das aplicações financeiras.		
F 37 – Imagem da empresa no mercado financeiro e de capitais.		
F 38 – Estrutura organizacional da área.		
F 39 – Relacionamento com as demais áreas funcionais.		
F 40 – Relacionamento da empresa com os acionistas ou quotistas.		
F 41 – Dependência de subsídios governamentais.		
F 42 – Despesas financeiras.		
F 43 – Receitas financeiras.		
Administrativo		
A 01 – Grau de importância dado pela direção aos recursos humanos.		
A 02 – Adequação da estrutura organizacional.		

(Quadro 5.4 – continuação)

COD. Variáveis internas – subsistemas	Pontos –	Pontos +
A 03 – Grau de formalização: normas, procedimentos e hierarquia.		
A 04 – Atuação da estrutura informal.		
A 05 – Nepotismo e alavancagem administrativa.		
A 06 – Corporativismo.		
A 07 – Relação com os sindicatos dos empregados.		
A 08 – Sistemas de normas e procedimentos.		
A 09 – Delegação.		
A 10 – Participação.		
A 11 – Negociação.		
A 12 – Produtividade global.		
A 13 – Capacitação dos recursos humanos.		
A 14 – Planos de avaliação e de treinamento.		
A 15 – Adequação e qualidade do plano de cargos e salários.		
A 16 – Desenvolvimento de pessoal; planos de carreira.		
A 17 – Índice global de rotatividade da mão de obra.		
A 18 – Índice de gravidade de acidentes de trabalho.		
A 19 – Índice de absenteísmo.		
A 20 – Grau de informatização da área administrativa.		
A 21 – Grau de conhecimento e atitudes das chefias intermediárias.		
A 22 – Motivação de pessoal.		
A 23 – Plano de benefícios.		

(Quadro 5.4 – continuação)

COD. Variáveis internas – subsistemas	Pontos –	Pontos +
A 24 – Assistência médica ou dentária.		
A 25 – Ajudas à alimentação e ao transporte.		
A 26 – Existência de caixa de pecúlio.		
A 27 – Existência de grêmios e de clube para os funcionários.		
A 28 – Rotatividade nos cargos-chave.		
A 29 – Relacionamento com as demais áreas funcionais da empresa.		
A 30 – Comunicação interna.		
A 31 – Avaliação de desempenho.		
A 32 – Grau de comprometimento dos funcionários.		
A 33 – Integração entre o pessoal da própria área funcional.		
A 34 – Centralização.		
A 35 – Burocratização das relações funcionais.		
A 36 – Política salarial.		
A 37 – Liderança.		
A 38 – Controle patrimonial.		
A 39 – Supremacia de uma área funcional em detrimento de outra.		
A 40 – Recrutamento e seleção.		
Global		
G 01 – Imagem institucional da empresa.		
G 02 – Relacionamento com órgãos governamentais e sindicais.		
G 03 – Capacitação e visibilidade da alta administração.		
G 04 – Distinção entre propriedade da empresa e gestão dos negócios.		

(Quadro 5.4 – conclusão)

COD. Variáveis internas – subsistemas	Pontos –	Pontos +
G 05 – Nível de profissionalização do primeiro e do segundo escalão.		
G 06 – Amplitude de abertura da empresa ao ambiente.		
G 07 – Adequação da estrutura organizacional.		
G 08 – Qualidade dos sistemas de informação gerenciais.		
G 09 – Utilização de conceitos relativos à qualidade total.		
G 10 – Existência do processo de planejamento estratégico.		
G 11 – Capacidade de criar produtos e processos.		
G 12 – Existência e resultados de consultoria externa.		
G 13 – Posição diferenciada em relação à concorrência.		
G 14 – Sinergia.		
G 15 – Clima organizacional.		
G 16 – Sede própria.		
G 17 – Relacionamento entre os sócios.		
G 18 – Outras variáveis globais.		

Assim, por meio dessa análise vasta e acurada, a empresa poderia avançar no planejamento estratégico, chegando a um ponto essencial e eminente em posse de tantas informações relevantes: a formulação de objetivos estratégicos.

capítulo 6

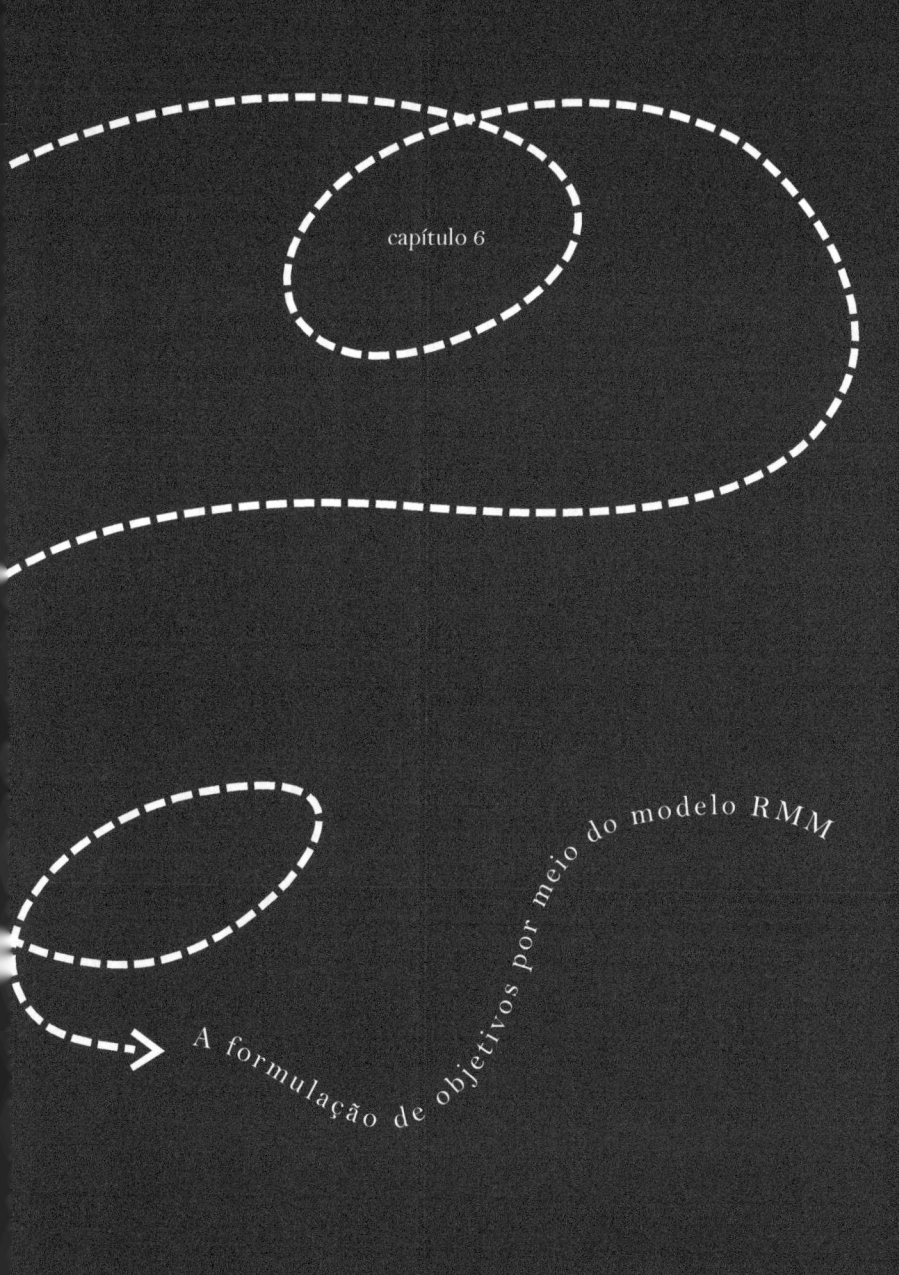

A formulação de objetivos por meio do modelo RMM

> *Não importa o quão bela seja a estratégia,*
> *você deve ocasionalmente olhar para os resultados.*
>
> Winston Churchill*

Fazendo uso de uma analogia, podemos salientar que formular objetivos é semelhante a subir uma escada: enquanto seus pés estão entre o segundo e o terceiro degraus, seu olhar está entre o sétimo e o oitavo.

Como bem propalou Ackoff em seus estudos, a organização deve cogitar seus estados futuros desejados de forma contingencial e virtual (Ackoff, 1969, 1974), de modo a trazer essa ambiência de futuro para dentro da organização, materializando, assim, o conceito de cenários virtuais em planejamento estratégico.

Os fatores ambientais externos e internos funcionam como pilares para a construção desses cenários, que mescla, para efeitos de simulação, a matriz do posicionamento estratégico (MPE), a matriz produto-mercado (MPM) e a matriz BCG, os quais foram descritos no capítulo anterior para que o leitor compreendesse as bases do novo modelo proposto.

Esse artifício tem como meta estimular a alta inteligência da organização a projetar e a expressar os alvos futuros e a antever as estratégias passíveis de serem desencadeadas para atingi-los, tendo sempre em vista que, em ambiência volátil, não se devem cogitar vários cenários de futuro pensando em atenuar a crise

---

* Citado por Connors e Smith (2011).

de "paralisia de planejamento" tão bem satirizada na *Fábula do asno* por Buridan*.

A necessidade de velocidade na implantação do processo torna interessante que a projeção inicial de futuro seja elaborada com base em apenas dois cenários contingenciais que exploram a prática sistemática do "pensamento antecipatório". Nessa fase, são simulados dois posicionamentos estratégicos antagônicos e são cogitados os alvos de mercado a serem atingidos, assim como o portfólio de produtos e/ou de serviços a serem ofertados.

O processo de formulação de objetivos deve envolver, de cima para baixo, alguns níveis hierárquicos, tendo como estratégia ganhar adesão para as próximas etapas e como filosofia propiciar que a instabilidade ambiental seja tratada na seguinte escala de prioridades: velocidade de informação, estrutura organizacional flexível e acompanhamento contínuo do processo.

---

* Em suma, a *Fábula do asno*, discutida pelo filósofo francês Jean de Buridan (1295-1358), não é uma proposição originária desse autor, pois já estava presente na obra *De caelo* (*Do céu*), do filósofo grego Aristóteles (1973). Refere-se à proposição de ocasião hipotética, ou um paradoxo de cunho filosófico, em que um asno é colocado a mesma distância de um recipiente repleto de água e de um fardo cheio de palhas. Assumindo a premissa de que o asno irá sempre para o que estiver mais perto, ele morreria de fome e de sede, uma vez que não pode tomar nenhuma decisão de caráter racional sobre a escolha de uma ou de outra hipótese. Ver Landi (2007) e *Standford Encyclopedia of Philosophy* (2009).

Quadro 6.1 – A natureza dos objetivos estratégicos

Nível institucional (estratégico)	Nível intermediário (tático)	Nível operacional
Escolha do domínio produto/mercado.	Racionalização de processos e estruturação organizacional.	Adequação tecnológica de produção, de controle e de distribuição.

Hoje em dia, em decorrência da instabilidade ambiental, torna-se necessário que os executivos das organizações trabalhem a médio e a longo prazos, com cenários alternativos de comportamento em relação ao meio ambiente.

Inicialmente utilizados em exercícios de guerra, como suporte à formulação de planos alternativos de ataque e de defesa, cenários podem ser considerados como estados futuros imaginários, vinculados a um determinado horizonte de tempo.

Com larga aplicação no planejamento estratégico, são utilizados para o balizamento dos impactos sobre os resultados da organização que decorreriam de determinados posicionamentos estratégicos, simulados sob condições ambientais de incerteza.

Essa técnica de construção de cenários vem, ao longo do tempo, ganhando importância à proporção que o ambiente das organizações se torna cada vez mais turbulento e descontínuo.

Para efeitos de aplicação, por meio do modelo RMM, aconselhamos raciocinar nesta direção: Sob um cenário otimista, a organização ou a empresa deve posicionar-se em quais mercados e com quais produtos? Quais seriam os impactos desse posicionamento sobre os resultados globais? E, sob um cenário pessimista, qual deve ser seu posicionamento em termos de mercados e produtos? Quais serão os impactos sobre os resultados globais advindos desse posicionamento?

Empregando-se, portanto, a abordagem de cenários contingenciais (estados futuros alternativos), torna-se possível balizar os riscos envolvidos nessa decisão de cunho estratégico. Associada à utilização das três matrizes anteriormente repassadas, essa linha de raciocínio possibilita que se possa, antecipadamente, verificar os impactos implícitos em decisões que envolvem questões estratégicas do tipo **produto-mercado**.

É importante salientarmos que a sofisticação dessa metodologia deve ser ajustada às necessidades e às complexidades inerentes ao processo de planejamento estratégico de cada empresa e de seu campo específico de atuação. A elaboração de cenários desvinculados diretamente da realidade em que a organização opera somente tem servido para tirar a credibilidade do processo de planejamento estratégico.

A maioria das pessoas, com certeza, já assistiu às mais diferentes previsões sobre o futuro imediato da economia brasileira. Dizem, aliás, em óbvio tom de gracejo, que economista é aquela pessoa que escreve dois artigos – um para dizer o que vai acontecer e outro para dizer por que isso não aconteceu. Como preconiza o ditado psicanalítico: o que Pedro diz sobre Paulo nos informa muito mais sobre Pedro do que sobre Paulo.*

---

* Essa expressão é atribuída ora a um dos famosos psicanalistas Sigmund Freud e Carl Gustav Jung, ora à escritora canadense Lise Bourbeau. Porém, não queremos aqui confirmar a autoria do dito, mas simplesmente enfatizar a relação de seu significado com a construção de cenários e de previsões abordada por nós.

Pelo fato de se ter acesso a previsões geralmente "carregadas" de subjetividade, para não aumentar o risco da falta de credibilidade na elaboração de objetivos estratégicos, é de bom alvitre trabalhar com cenários alternativos que serão desdobrados na medida das necessidades.

Portanto, pouco sucesso obtêm as empresas voltadas para dentro de si, que buscam apenas otimizar recursos internos, deixando de considerar o comportamento do ambiente em que estão inseridas. Para contornar essa dificuldade, há de se "criar", dentro das próprias organizações, um sistema que, além de elaborar sistematicamente as diversas informações concernentes às questões institucionais e ambientais, coloque essas variáveis em tela de prioridade.

Essa é uma das particularidades propostas pelo modelo RMM.

Figura 6.1 – Utilização integrada de matrizes para o estabelecimento de objetivos contingenciais

Matriz de posicionamento (A)

		Auditagem externa	
		Ameaças (A B C)	Oportunidades (D E F)
Auditagem interna	Pontos fracos (G H I)	Sobreviver	Crescer
	Pontos fortes (J K L)	Manter	Desenvolver

Matriz de mercados, produtos ou serviços (B)

	Mercados existentes	Mercados novos
Produtos existentes	• Penetrar no mercado; • Segmentar mercado; • Especializar linha de produtos; • Especializar linha de serviços; • Especializar e segmentar mercado.	Desenvolver novos mercados, introduzindo os produtos ou serviços existentes.
Novos produtos	• Desenvolver novos produtos; • Desenvolver novos serviços.	Diversificação total. Desenvolver novos produtos e/ou serviços em novos mercados.

Matriz BCG (C)

		Participação de mercado	
		Alta	Baixa
Crescimento do mercado	Alto	Star	Question mark
	Baixo	Cash-Cow	Dog

Destarte, ao propor uma análise conjunta de três modelos teóricos já exaustivamente examinados e aplicados à realidade empresarial, o modelo RMM busca integrar linhas díspares e visões distintas acerca da realidade que tangencia o planejamento estratégico e sua efetiva realização.

6.1

A formulação e a gestão das estratégias

Durante o processo de gestão das estratégias, a etapa da formulação das estratégias e, posteriormente, o estabelecimento dos objetivos empresariais resultam da opção por determinadas linhas de ação entre as diversas alternativas possíveis de serem consideradas para o alcance dos objetivos da organização.

Para esse efeito, a escolha das estratégias deve ser realizada com base em uma reflexão conjunta dos membros da alta administração e do segundo escalão da organização para que, nessa esfera, possam ser compatibilizadas as ações a serem implementadas com os resultados globais estabelecidos.

Nessa metodologia, quando da implementação das estratégias, é fundamental que as pessoas designadas para implantá-las se comprometam com a alta administração, por meio de contratos de gestão, nos quais aos resultados predeterminados estaria vinculado um certo grau de autonomia, no que concerne, principalmente, à administração dos recursos humanos e financeiros envolvidos.

Posteriormente, para cada estratégia estabelecida, devem ser elaborados planos de ação que detalhem os cronogramas, os fluxogramas, os recursos humanos, físicos, financeiros e, eventualmente, fiscais envolvidos em sua implementação.

Dessa feita, por meio do acompanhamento sistemático, essa prática deve ser convertida em um processo contínuo à medida que, a cada ciclo subsequente, por meio do controle por exceção, diversos resultados são verificados *on-line* pela alta administração da empresa.

Assim, o modelo RMM possibilita à cúpula da organização direcionar, redirecionar e aferir a eficácia de todas as suas ações estratégicas, identificando e avaliando os resultados dos diversos atores envolvidos no processo.

capítulo 7

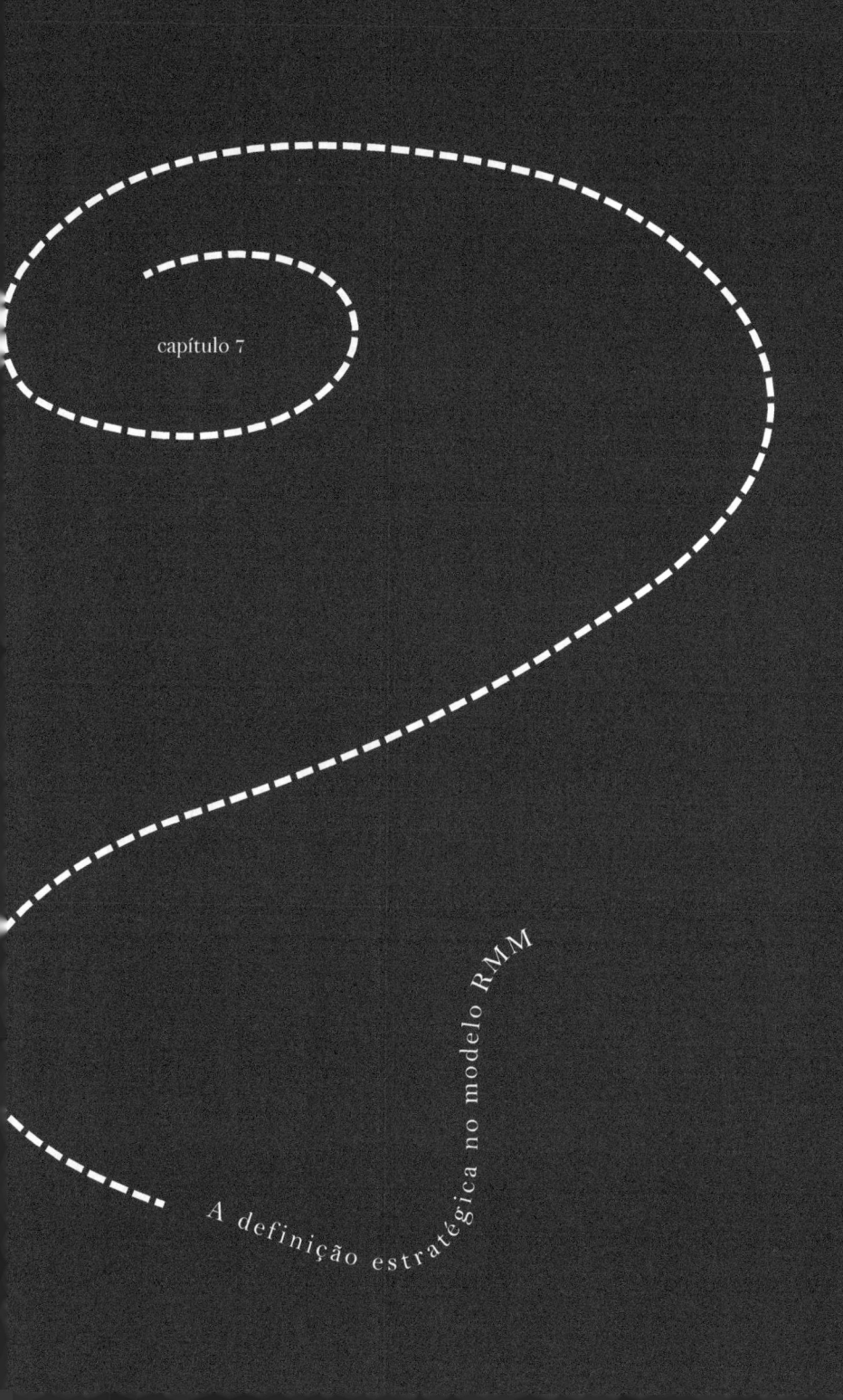

A definição estratégica no modelo RMM

> *A estratégia de uma organização descreve como ela pretende criar valor para seus acionistas, clientes e cidadãos.*
>
> Robert Kaplan e David Norton[*]

A fim de certificar os tipos de estratégias a serem adotadas (defensivas ou ofensivas), o modelo RMM propõe a divisão delas por níveis e elenca uma gama de variáveis que formam um *check-list* para facilitar a formulação das estratégias empresariais. Assim, seguindo o ordenamento proposto pelo modelo, temos como estratégias defensivas, por exemplo, as que constam no Quadro 7.1.

QUADRO 7.1 – Estratégias defensivas

Nível institucional	Nível intermediário	Nível operacional
Garantir os domínios já estáveis. Atuar seletivamente na segmentação de mercado e na especialização do portfólio de produtos.	Planejar as operações para aumentar a eficiência. Enfatizar a redução de custos. Acomodar e equilibrar áreas estáveis e instáveis na estrutura organizacional.	Buscar incessantemente a eficiência operacional. Enfatizar a utilização de tecnologia atualizada e competitiva para operar linhas de produção estáveis e instáveis.

Em contrapartida, pelo prisma inverso das estratégias ofensivas, podem ser mencionadas distintas alternativas de ação para cada nível da organização: nível institucional, nível intermediário e

---

[*] Kaplan; Norton (2004).

nível operacional. Podemos perceber, desde a primeira etapa proposta pelo modelo RMM, que o planejamento estratégico deve envolver os colaboradores da empresa, não se mantendo exclusivo da esfera da alta administração. Afinal, alinhar as esferas de produção e gerenciais à identidade e aos objetivos interpostos pelo nível mais estratégico da organização torna mais fluido o sistema de planejamento e mais disseminadas as estratégias que serviram de combustível para a empresa.

QUADRO 7.2 – Estratégias ofensivas

Nível institucional	Nível intermediário	Nível operacional
Ampliar o domínio atual. Localizar e explorar novas oportunidades de produtos e de mercados. Penetrar em novos domínios, ainda que transitórios.	Coordenar as frequentes mudanças na operação e na distribuição. Priorizar os sistemas de informação de concorrentes, de suprimentos e de vendas. Monitorar as finanças e a estrutura organizacional.	Flexibilizar os processos produtivos. Atualizar a tecnologia. Atuar no aumento da produtividade. Treinar e capacitar recursos humanos para acompanhar as mudanças de domínio da empresa.

Para definir estratégias anteriormente aludidas, sejam defensivas, sejam ofensivas, diversas variáveis devem ser consideradas ao longo do processo. Por isso, com o intuito de facilitar esse processo para os planejadores e gerar resultados satisfatórios de maneira simplificada, o modelo RMM propõe uma lista de estratégias, subdivididas pelos setores que compõem uma empresa: estratégias de *marketing*, de produção, financeiras e administrativas.

Estratégias de *marketing*:

- MKT 01 – Ampliar nicho de mercado atual.
- MKT 02 – Atuar em nichos.
- MKT 03 – Segmentar mercado.
- MKT 04 – Atuar em novos segmentos de mercado.
- MKT 05 – Atuar em novos mercados.
- MKT 06 – Abandonar os segmentos já atendidos.
- MKT 07 – Estabelecer parcerias.
- MKT 08 – Estruturar sistema de informação de mercado.
- MKT 09 – Estabelecer estratégia de preço.
- MKT 10 – Criar diferencial de produtos ou de serviços.
- MKT 11 – Adequar a força de venda.
- MKT 12 – Adequar os pontos de venda.
- MKT 13 – Estabelecer os pontos de venda.
- MKT 14 – Ativar *marketing* direto.
- MKT 15 – Trabalhar a comunicação com o mercado.
- MKT 16 – Promover o *endomarketing*.
- MKT 17 – Promover o *telemarketing*.
- MKT 18 – Trabalhar com múltiplas marcas.

- MKT 19 – Determinar o público-alvo para a divulgação do novo produto ou serviço.
- MKT 20 – Destacar o diferencial em relação aos produtos da concorrência.
- MKT 21 – Induzir o consumidor ao experimento.
- MKT 22 – Analisar a receptividade do público-alvo.

Estratégias de produção:

- PRO 01 – Adequar capacidade instalada.
- PRO 02 – Reduzir o nível de atividade.
- PRO 03 – Adequar os recursos tecnológicos.
- PRO 04 – Desinvestir seletivamente.
- PRO 05 – Parar temporariamente.
- PRO 06 – Desativar definitivamente.
- PRO 07 – Estabilizar o nível de atividade.
- PRO 08 – Especializar a linha de produtos.
- PRO 09 – Ampliar a linha de produtos.
- PRO 10 – Expandir a capacidade instalada.
- PRO 11 – Reduzir os custos diretos e indiretos.
- PRO 12 – Criar novos produtos.
- PRO 13 – Inovar os processos produtivos.
- PRO 14 – Melhorar os processos produtivos.
- PRO 15 – Promover reengenharia de processo.

- PRO 16 – Garantir o suprimento dos atuais fornecedores.
- PRO 17 – Controlar a qualidade dos insumos recebidos.
- PRO 18 – Restabelecer a política de estoques exclusiva.
- PRO 19 – Reduzir a variedade de modelos produzidos.

Estratégias financeiras:

- FIN 01 – Estruturar a área financeira.
- FIN 02 – Promover a alavancagem financeira.
- FIN 03 – Promover a alavancagem operacional.
- FIN 04 – Adequar o capital de giro.
- FIN 05 – Adequar a liquidez.
- FIN 06 – Adequar a posição de caixa.
- FIN 07 – Controlar o fluxo de caixa.
- FIN 08 – Promover aportes de capital.
- FIN 09 – Compatibilizar os prazos de pagamento e recebimento.
- FIN 10 – Estruturar o orçamento de capital.
- FIN 11 – Promover operações financeiras sofisticadas.
- FIN 12 – Promover o planejamento e a orçamentação financeira.
- FIN 13 – Estabelecer projeções financeiras de receitas, despesas e custos.

- FIN 14 – Elaborar previsões fiscais e salariais.
- FIN 15 – Analisar a relação custo-benefício dos projetos.
- FIN 16 – Analisar a taxa interna de retorno e o valor presente líquido de novos projetos.
- FIN 17 – Decidir sobre a estratégia de preço: "desnatar" ou "penetrar".
- FIN 18 – Estabelecer o *mark-up*.
- FIN 19 – Estabelecer critérios para apurar e ratear custos indiretos.
- FIN 20 – Estabelecer critérios para ratear o *overhead*.
- FIN 21 – Analisar o ponto de equilíbrio.
- FIN 22 – Calcular o custo de "carregar" os estoques.

Estratégias administrativas:

- ADM 01 – Adequar a estrutura funcional.
- ADM 02 – Capacitar os recursos humanos.
- ADM 03 – Estruturar o sistema de informação administrativo.
- ADM 04 – Estabelecer planos de carreira.
- ADM 05 – Promover treinamento técnico e gerencial.
- ADM 06 – Adequar planos de cargos e salários.
- ADM 07 – Promover a participação em feiras e eventos do setor.

- ADM 08 – Promover viagens técnicas para determinados funcionários.
- ADM 09 – Estabelecer avaliação de desempenho.
- ADM 10 – Estabelecer critérios de remuneração dos funcionários.

Trata-se de um nível de detalhamento e de refinamento da informação jamais visto, principalmente no Brasil, onde a maioria dos modelos de gestão são adaptações de metodologias advindas de outros países, principalmente da Europa, dos Estados Unidos e do Japão. É muito difícil ocorrer a proposição de um modelo de gestão nacional que evoque os principais fatores capazes de interferir no planejamento estratégico organizacional.

Esse é um atributo singular e muito importante do modelo RMM, por trazer uma nova perspectiva para a gestão de estratégias no seio das empresas e tratar o assunto de forma ampla, mas de maneira facilitadora para o entendimento por parte de leitores comuns, estudantes universitários, gestores e diretores de empresas.

Tecidas tais considerações, apresentamos agora alguns exemplos para demonstrar como ficaria, supostamente, o "retrato" final das estratégias de determinada empresa, levando em conta mais que sua mera identidade.

Seguindo-se o passo a passo da metodologia RMM, é possível também condensar informações relevantes do ambiente externo (ameaças e oportunidades), além daquelas de caráter interno (pontos fortes e pontos fracos).

Transcendendo a mera visão e os fatores previstos na matriz SWOT, o modelo ora em apreço ainda contempla uma análise dos objetivos da organização diante de cenários distintos (otimista e pessimista) e ainda formula estratégias para cada um desses contextos.

Assim, a alta administração da empresa consegue ter um resumo do planejamento estratégico e das principais ações a serem tomadas para o efetivo cumprimento desse plano.

Quadro 7.3 – Exemplo 1 – Pontual: teatro empresarial

Identidade	
Atender a necessidades empresariais de treinamentos e fixação de metas e objetivos, por meio da apresentação de peças teatrais criativas, dinâmicas e interativas, transmitindo conhecimento com descontração.	
Ameaças	Oportunidades
A – CUL 11: Tendência ao comportamento individualista.	**D – CUL 15**: Valorização da consciência e da cidadania.
B – CUL 17: Perfil da classe empresarial.	**E – CUL 17**: Perfil da classe empresarial.
C – CSD 11: Nível de necessidade existente.	**F – OGO 02**: Poder de coerção ou de intervenção.
Pontos fracos	**Pontos fortes**
G – Endividamento.	J – Margem de contribuição.
H – *Marketing*.	K – Qualidade.
I – Informalidade.	L – Motivação.

(continua)

(Quadro 7.3 – conclusão)

Objetivos	
Cenário pessimista	**Cenário otimista**
Sobreviver com os serviços existentes no mesmo segmento de mercado.	Desenvolver novos serviços no mesmo segmento de mercado.
Estratégias	
MKT 15: Trabalhar a comunicação com mercado.	**FIN 08**: Promover aportes de capital.
FIN 15: Analisar a relação de custo-benefício.	**MKT 07**: Estabelecer parcerias.
ADM 11: Estabelecer critérios de remuneração dos funcionários.	**ADM 06**: Promover treinamento técnico e gerencial.
MKT 13: Estabelecer estratégia de preço.	**MKT 20**: Destacar o diferencial em relação aos produtos da concorrência.

QUADRO 7.4 – Exemplo 2 – EC Alimentos Congelados

Identidade	
Atender às necessidades de alimentação dos consumidores, por meio da fabricação e da distribuição de pratos prontos e congelados com qualidade, variedade de opções, praticidade e economia, fundamentado em uma filosofia de empreendimento e atendimento eficaz.	
Ameaças	**Oportunidades**
A – Recessão (gera queda em vendas).	D – Mudança na estrutura e na vida familiar.
B – Inflação (gera aumento de custo dos insumos).	E – Tendência à ampliação do acesso da população à utilização de eletrodomésticos associados à alimentação congelada.

(continua)

(Quadro 7.4 – continuação)

C – Concorrência (potencial). Novas tecnologias de conservação de alimentos.	F – Encarecimento da mão de obra doméstica. Concentração dos pontos de vendas de produtos alimentícios em supermercados e lojas de conveniência.
Pontos fracos	**Pontos fortes**
G – Carência de recursos financeiros.	J – Comunicação com os clientes.
H – Nível l de instrução dos funcionários.	K – Estrutura organizacional e de custos enxuta.
I – Localização distante do consumidor-alvo. Estrutura organizacional familiar.	L – Integração participativa dos funcionários. Divulgação da marca e *recall*.
Objetivos	
Cenário pessimista	**Cenário otimista**
Sobreviver com os produtos existentes e com novos produtos nos mercados já atendidos.	Crescer com os produtos existentes e com novos produtos nos mercados existentes e em novos mercados.
Estratégias	
Treinar pessoal visando ao aumento da produtividade.	Treinar a equipe (aumento da produtividade e da motivação).
Implantar a meritocracia na estrutura organizacional da empresa.	Criar programas de incentivo pessoal (plano para remunerar e premiar funcionários).

(Quadro 7.4 – conclusão)

Concentrar-se no *marketing* direto (preservar os mercados conquistados: pesquisa de opinião e promoções).	Intensificar e inovar o *marketing* direto (malas-diretas e *displays*).
Incrementar as promoções para os clientes de "vendas casadas" e "vendas de pacotes".	Aumentar a divulgação da marca e dos produtos (novas mídias de comunicação com o mercado).
Pesquisar a demanda por novos pratos.	Pesquisar novos mercados (abertura de novos pontos de vendas).
Dinamizar o fluxo de produção.	Flexibilizar linha de produção (em virtude do novo *mix* de venda).
Controlar rigorosamente os custos de produção e evitar desperdícios.	Criar programas de investimentos para os excedentes financeiros.
Adequar estoques de matérias-primas e de produtos acabados.	Preparar a fábrica para o aumento do nível de produção (leiaute).
Controlar rigorosamente o fluxo de caixa.	Melhorar os controles financeiros.

Focalizando somente as oportunidades, as ameaças, os pontos fortes e os pontos fracos, no Quadro 7.5, lançamos luz sobre o setor de faculdades e universidades para fins de exemplificação no que tange aos ambientes externo e interno de um setor específico.

QUADRO 7.5 – Exemplo 3 – Setor: faculdades e universidades

Ameaças	Oportunidades
• Poder aquisitivo da população. • Corte no repasse de verbas. • Inadimplência. • Concorrência. • Incentivo a P&D (pesquisa e desenvolvimento). • Disponibilidade de recursos humanos especializados. • Crescimento desordenado do ensino superior.	• Oferta de novos cursos de graduação. • Demanda em regiões geográficas emergentes. • Terceirização de atividades. • Convênios com instituições de fomento. • Intercâmbios/parcerias com entidades privadas. • Novas tecnologias na educação. • Rapidez das mudanças nas áreas de conhecimento tecnocientífico.
Pontos fracos	**Pontos fortes**
• Espaço físico e leiaute das instalações. • Recursos financeiros. • Comprometimento funcional. • Atualização tecnológica dos equipamentos. • Eficiência da área administrativa. • Produção científica incipiente. • Comunicação entre os setores.	• Localização do *campus*. • Gestão participativa. • Experiência profissional dos docentes. • Intercâmbio de pessoal. • Imagem institucional da organização. • Retorno das atividades de extensão. • Processo de escolha dos dirigentes.

A seguir, listamos as estratégias mais cogitadas:

- Qualificar o corpo docente.
- Implantar processo de avaliação institucional.
- Desenvolver mecanismos de controle de inadimplência.
- Implantar novos cursos de graduação e pós-graduação.
- Implantar sistema permanente para racionalização dos custos.
- Priorizar P&D de maior significado e que gere retorno a curto prazo.
- Buscar convênios de prestação de serviços com entidades públicas e privadas.
- Treinar e remanejar pessoal administrativo direcionando para áreas críticas.
- Divulgar a imagem da instituição nos mercados atuais e em novos mercados.
- Aumentar a receita por meio da ampliação da oferta de serviços.
- Desenvolver sistemas de otimização da comunicação interna.
- Descentralizar e informatizar a área administrativa.
- Desmobilizar ativo permanente ocioso.

Estudo de caso

Embracoco*

Dois investidores italianos, após período de férias no Nordeste brasileiro, resolveram investir no país e partiram para a elaboração de um plano de negócios. Antes, contudo, pesquisaram diversos segmentos para a atuação da empresa que iriam erigir e tomaram a decisão de investir no ramo de coco, fundando a Embracoco – Empresa Brasileira de Derivados de Coco.

Após rigorosa pesquisa qualitativa e quantitativa, uma série de dados e informações foi coletada e tratada, subsidiando essa importante decisão de investimento. Em linhas gerais, os empresários napolitanos observaram que um coqueiro demora 7 anos para começar a dar frutos e depois, durante aproximadamente 70 anos, gera em média 60 cocos, a cada 2 meses. O clima do Ceará, estado escolhido para ser a sede da organização, é totalmente propício para esse tipo de cultivo, pois conta com muito calor e umidade, características climáticas fundamentais para uma produção robusta de cocos.

Ademais, os investidores observaram que do fruto nada se perde (desde a casca – utilizada pela indústria automobilística na fabricação de bancos e também para a confecção de artesanatos por artesãos locais – até a água e a polpa, tudo é aproveitado, e mesmo aqueles cocos que já não servem para o consumo podem ser vendidos para a indústria de cosméticos) e que

---

* Os dados deste estudo de caso são fictícios e servem somente para ilustrar o conteúdo apresentado, diferentemente dos anteriores. Destarte, é importante destacar que a empresa Embracoco não existe de fato.

o estado nordestino fornecia isenção fiscal de 20 anos para a empresa que viesse a se instalar lá.

Apesar disso, nos últimos três anos, vem ocorrendo uma variação climática desfavorável na região de Fortaleza (local onde está a planta da fábrica de beneficiamento dos cocos *in natura*), com poucas precipitações, o que prejudica a produção do fruto. Outra questão analisada pelos agentes investidores é que tem havido uma mudança assaz significativa na população em geral quanto ao consumo de alimentos saudáveis, e tanto a água quanto o óleo de coco são dois grandes aliados dessa geração que se preocupa com a saúde, a nutrição e a qualidade de vida.

Por fim, os empresários notaram também que alguns fatores de ordem logística beneficiam a empresa, como a localização da planta fabril próximo à produção (uma vez que o custo logístico no Brasil onera consideravelmente as empresas de um modo geral) e a existência de porto em Pernambuco (estado vizinho ao Ceará), o que facilita a exportação. Em outro vértice de análise, alguns fatores também foram ponderados pelos italianos: existem várias empresas que atuam nesse mercado em outras regiões do país; eles ainda não têm capital suficiente para investir, maciçamente, no departamento de *marketing*, o que pode prejudicar a penetração de mercado, uma vez que gigantes, como a Coca-Cola, incorporaram empresas e hoje vendem água de coco em todo o Brasil (empresas estas que têm alta verba destinada para a publicidade, o que impacta, diretamente, os hábitos de consumo e a decisão dos consumidores por marcas específicas nas prateleiras das redes de supermercados).

Figura 7.1 – Localização do Ceará no Nordeste brasileiro

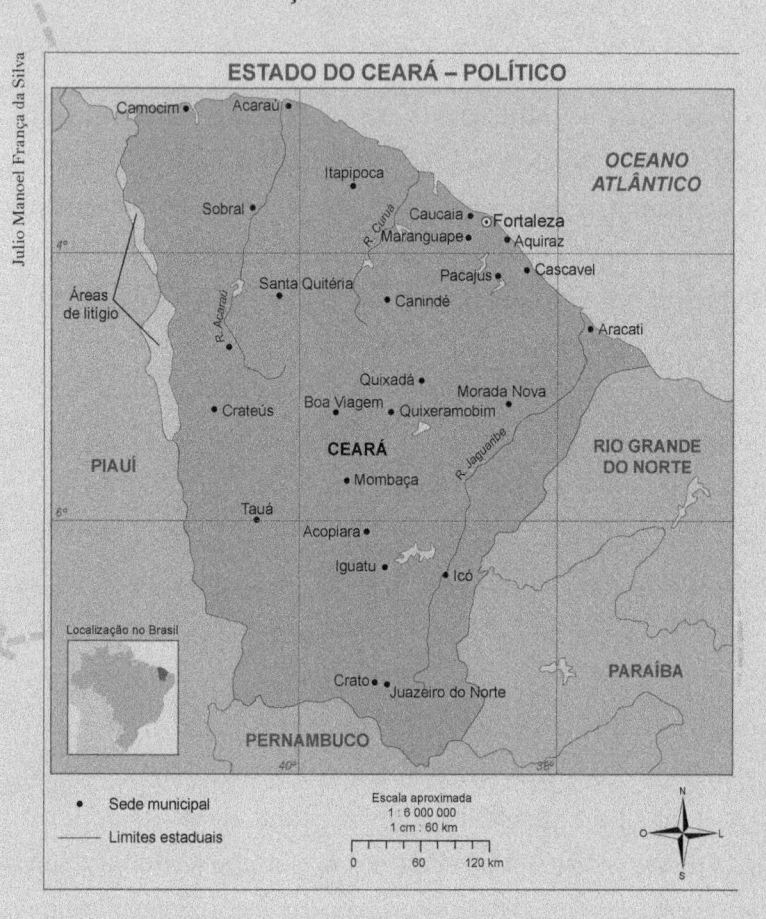

Fonte: Adaptado de IBGE, 2005.

Os investidores napolitanos notaram certo momento instável na economia brasileira (como baixo crescimento do PIB (Produto Interno Bruto) e alta da inflação), conjuntura que prejudica a aquisição dos produtos da empresa, uma vez que o coco e seus derivados podem ser considerados produtos não essenciais (como aqueles que compõem a cesta básica) e isso teria impacto nas vendas.

Outra questão nitidamente observada diz respeito ao nível de centralização dos empresários, que, por virem de uma cultura na qual a descentralização organizacional ainda é pouco usual, sofrem as consequências desse processo no qual os diretores (e sócios) querem decidir sobre todas as áreas e setores da organização, tornando a alta administração personalista e não profissionalizada, com um perfil de gestão típico de empresas familiares. Essas características de perfil de liderança e gestão também podem afetar os resultados da empresa, uma vez que um perfil burocrático (diferentemente do perfil de um empreendedor, que preza pela flexibilidade, pela descentralização e pela inovação) prejudica até mesmo o posicionamento da Embracoco quanto às estratégias e aos objetivos.

Diante das informações apresentadas, realize o planejamento estratégico da empresa utilizando o modelo RMM para sua execução (partindo da construção heurística da identidade, passando pelo diagnóstico estratégico, pelos procedimentos de auditagem, pela formulação de objetivos e pelo *check-list* das estratégias, até constituir um resumo geral que contemple as principais questões da gestão estratégica da empresa) e monitoramento, como procedido nos exemplos apresentados na seção anterior.

Estudo de caso

EPA*

Em 1950, com a ajuda dos filhos, o sr. Levi Esteves Nunes teve a iniciativa de abrir uma pequena mercearia, à Rua Junquilhos, em Belo Horizonte, com base na experiência que ele próprio adquirira à frente de uma barraca na feira dos produtores.

Pouco antes da inauguração dessa primeira mercearia, o sr. Levi faleceu em um acidente automobilístico e, seguindo a trilha deixada pelo fundador, seus filhos mais velhos resolveram abrir outra pequena mercearia em um bairro da periferia, voltada para o público de baixa renda.

Com o sucesso desse empreendimento, outras seis mercearias, que atendiam também ao segmento de baixa renda, por meio da comercialização de bens de consumo imediato (nas áreas de alimentação, higiene e limpeza), foram sendo sucessivamente abertas.

Com o decorrer do tempo, constatando que a centralização das funções de compras, de contabilidade e de organização de cada mercearia provocaria sinergia dos negócios, os irmãos resolveram, em 1959, fundar o EPA: Empresa Popular de Abastecimento.

---

* A história do grupo EPA foi narrada por um dos proprietários, chamado Levi Nogueira, filho do fundador Levi Esteves Nunes, em entrevista realizada em 1993, na sede da empresa. Mais informações podem ser acessadas em Nogueira (1993).

Dessa maneira, o EPA surgiu da absorção das seis mercearias que tinham mesma identidade, ou seja, atendiam a consumidores de baixa renda, como empresas varejistas que focavam o preço como vantagem competitiva.

Com a evolução dos negócios e sempre com a preocupação de buscar o que havia de inovador na área de comércio varejista, no início da década de 1970, o EPA abriu sua primeira loja com sistema de autosserviço. Passou também a utilizar estrategicamente a propaganda para atingir os consumidores de renda mais baixa.

Os meandros da área de comunicação mineira, até hoje, têm como importante referência os anúncios televisivos do EPA, que, pegando carona na linguagem do popular Chacrinha (na época, ícone da comunicação brasileira), estabeleceu um sólido vínculo da empresa com seu público-alvo.

Por meio da associação da marca EPA com a imagem da artista popular Elke Maravilha, a empresa forjaria o inesquecível binômio que atravessaria a década: "EPA, ba-ra-tis-sís-si-mo!" e, mais tarde, "EPA, pertinho de você!".

Como suas criativas estratégias de *marketing* davam bastante resultado, o EPA chegou a possuir, em Belo Horizonte, uma rede com 35 pontos de venda, localizados basicamente no centro da cidade e em bairros da periferia, onde se concentrava seu público-alvo.

Durante a chamada *década perdida* (anos de 1980), o EPA optou por adotar uma administração mais profissionalizada. Foi criada uma empresa *holding*: Grupo NOG, cujos interesses, além do comércio varejista, estendiam-se a uma empresa construtora e a uma imobiliária. Os sócios saíram das funções executivas e elegeram um dos irmãos para comandar os negócios, permanecendo todos eles no conselho de administração do Grupo, cobrando resultados daquele executivo eleito em assembleia geral.

Essa estratégia de profissionalização da direção permitiu que o EPA atravessasse as sucessivas crises da década de 1980 e, principalmente, antecipasse as mudanças que ocorreriam mais tarde no segmento do comércio varejista em Belo Horizonte. Vislumbrando no mercado novos segmentos consumidores emergentes, o Grupo decidiu criar uma nova identidade: Via Brasil. Essa nova unidade estratégica de negócios serviu de laboratório e forneceu suporte aos estudos do comportamento do segmento de consumidores das classes A e B, novo alvo a ser atingido pelo Grupo.

No início dos anos 1990, mesmo com a entrada no mercado belo-horizontino de multinacionais da área de varejo e das primeiras lojas de conveniência, o Grupo continuou crescendo, solidificando sua marca e aumentando sua parcela de mercado.

Em decorrência dos aspectos sucessórios que eventualmente emergiam na cúpula da organização, em meados da década de 1990, os sócios decidiram sair em definitivo do comando e contratar profissionais de mercado para ocuparem os principais cargos executivos.

Agora, esses profissionais cogitam adotar novas estratégias empresariais: reformular o conceito dos pontos de venda, criar sistemas de *delivery* e sistemas expressos de entrega rápida (via *internet*), focar consumidores com pouco tempo disponível para as compras, consumidores idosos, os que buscam comodidade e segurança e aqueles avessos ao trânsito caótico.

Com o *upgrade* da marca EPA, com o lançamento do EPA-Plus e do Mart-Plus, as estratégias de comunicação com o mercado, que forjaram no passado a imagem do EPA ("Baratissíssimo, seu vizinho!"), vêm ganhando sofisticação.

A empresa popular, ancorada no passado por Elke Maravilha, está sendo reposicionada por meio da metalinguagem utilizada pela artista global Regina Duarte: "Seu supervizinho!", que provoca grande sintonia com o novo público-alvo desejado, ou seja, as classes de consumo A e B.

Compete agora aos sócios, no conselho de acionistas, decidir sobre o direcionamento estratégico do Grupo, tendo em vista transformar uma empresa tradicionalmente familiar em uma empresa moderna e profissionalizada, que fideliza os clientes, cogita estabelecer parcerias, busca novos aportes tecnológicos para o mercado virtual de varejo e tenta se antepor à ameaça da entrada de novos concorrentes pesos pesados.

Diante das informações apresentadas, criamos, por meio do RMM, um modelo para o planejamento estratégico do EPA conforme a estruturação disposta a seguir.

QUADRO 7.6 – Exemplo do planejamento estratégico do EPA

Identidade	
Atender e satisfazer as necessidades do segmento de consumidores de baixa renda por meio da comercialização de bens de consumo imediato (alimentação, higiene e limpeza) de forma ágil, diferenciada e lucrativa.	
Ameaças	**Oportunidades**
A – Hipermercados.	D – Retomada da economia.
B – Lojas de conveniência.	E – Novos hábitos dos consumidores.
C – Novos hábitos dos consumidores.	F – Maior segmentação do mercado.
Pontos fracos	**Pontos fortes**
G – Conforto.	J – Localização.
H – *Mix* restrito.	K – Imagem de preço baixo.
I – Limpeza.	L – Participação.
Cenário pessimista	**Cenário otimista**
Recessão/inflação.	Retomada do crescimento.
Objetivo	
Manter.	Crescer.
Estratégias	
Reduzir custos.	Diversificar mercados.
Treinar.	Aplicar *mix*.
Atualizar-se tecnologicamente.	Atualizar-se tecnologicamente.
Reinvestir 75% do lucro líquido.	Reinvestir no negócio.
	Profissionalizar-se.

De posse dos dados do EPA narrados no estudo de caso, o leitor deve criar seu próprio modelo e contextualizá-lo com o ambiente contemporâneo, observando a economia brasileira em 2016 e as perspectivas para os próximos anos.

Questões para revisão

1. No início da década de 1970, o EPA abriu sua primeira unidade com sistema de autosserviço. Essa decisão caracteriza qual das inúmeras definições existentes de processo de planejamento?

    a. Fazer acontecer.

    b. Antecipar o futuro.

    c. Antever e influenciar o futuro.

    d. Mudar o futuro posicionando-se no presente.

    e. Criar as melhores condições para atingir o resultado.

2. Você acredita que as condições para fundir as seis primeiras mercearias do EPA se deveram a quais estratégias?

    a. Introdução do sistema de autosserviço.

    b. Centralização das atividades-meio.

    c. Concordância dos sócios.

    d. Centralização de compras, de pessoal e de contabilidade.

    e. Todas as alternativas anteriores estão corretas.

3. Qual era o conceito de missão do EPA em 1992?

    a. Atender às necessidades do consumidor da periferia.

    b. Atender às necessidades do consumidor de baixa renda.

    c. Comercializar, com bases lucrativas, produtos para consumo imediato.

d. Atender à demanda por produtos para consumo imediato de determinados segmentos de consumidores de baixa renda de Belo Horizonte.

e. Atender e satisfazer as necessidades do segmento de consumidores de baixa renda por meio da comercialização de bens para consumo imediato de forma ágil, diferenciada e lucrativa.

4. Qual(is) foi(foram) a(s) estratégia(s) utilizada(s) pelo EPA para solidificar a imagem de empresa popular?

   a. Preço de venda baixo.

   b. Criação de uma *holding*.

   c. Redução de custos.

   d. Administração profissionalizada.

   e. Associação da marca a personagens e a linguagens populares.

5. As alternativas a seguir comprovam o sucesso do EPA, **exceto**:

   a. A localização das lojas.

   b. A diversificação de mercado.

   c. O reinvestimento de 75% do lucro líquido.

   d. A consciência da necessidade de profissionalização.

   e. A transformação das lojas de conveniência em multinacionais.

6. Qual variável micro foi determinante para possibilitar o crescimento do EPA?

   a. Urbanização.

   b. Sazonalidade de compras.

   c. Localização das lojas.

   d. Atitudes de compra, frequência e hábito dos consumidores.

   e. Crescimento demográfico da população de baixa renda.

7. Qual(is) foi(foram) estratégia(s) utilizada(s) pelo EPA quando optou por um *upgrade* (lançamento das marcas EPA Plus e Mart-Plus)?

   a. Penetrar em novos segmentos de mercado.

   b. Buscar sinergia.

   c. Antecipar cenários.

   d. Ocupar espaços da concorrência potencial.

   e. Todas as alternativas anteriores estão corretas.

Questão para reflexão

Viu como é instigante o planejamento estratégico e todo o escopo proposto pelo modelo RMM? Observou também como esse modelo é de fácil utilização e tão importante para as empresas na formulação e na gestão de suas estratégias? Agora é sua vez de aplicar o modelo RMM. Siga os passos:

1. Selecione três tipos de empresas em setores distintos da economia (por exemplo, uma empresa que produz laranjas e as revende para a indústria de sucos; outra que comercializa materiais de informática; e, por fim, uma empresa siderúrgica responsável pela produção de aços longos). Em seguida, defina um nome hipotético para cada uma das organizações.

2. De posse de tais dados, faça uma construção heurística da identidade de cada uma dessas empresas. Lembre-se de que o modelo RMM propõe um roteiro com as principais informações contempladas na identidade das organizações após vasta pesquisa. Em síntese, o modelo lista variáveis que refletem a ação a ser desencadeada, a especificidade da demanda, a ambiência de atuação, além das atividades a serem cogitadas e a filosofia. Seguindo-se as etapas do modelo, será possível construir a identidade de cada organização, levando-se em conta as especificidades de cada setor.

3. Concluída a etapa anterior, realize um diagnóstico estratégico para cada empresa. Insta registrar que o modelo RMM dispôs, para facilitar esse mapeamento ambiental, uma gama de variáveis, algumas da esfera macroeconômica (que contemplam questões de cunho econômico, social, político, cultural, ecológico, tecnológico, demográfico e legal) e outras de natureza microeconômica (consumidores, fornecedores, concorrentes e tecnologia; em uma perspectiva mais interna, sindicatos e associações de classe, somados àquelas referentes aos órgãos governamentais). Note, nesse diapasão, que cada variável impacta cada empresa de um

setor de uma forma e que os fatores externos e internos são também distintos para cada ramo de atuação empresarial.

4. Realize os procedimentos de auditagem interna, tanto aqueles de caráter produtivo, mercadológico e administrativo quanto aqueles do âmbito financeiro e global. Essa fase é primordial para o planejamento estratégico.

5. Defina os objetivos, focalizando os níveis institucionais, intermediários e operacionais das empresas, para os cenários otimistas e pessimistas.

6. Realize um *check-list* das estratégias, um trabalho amplo e fundamental proposto pelo modelo em voga.

7. Por fim, elabore um quadro-resumo com as principais questões do planejamento estratégico e da gestão estratégica das três empresas (em caso de dúvidas, sugerimos, além de uma leitura acurada dos capítulos em que se descrevem as fases do modelo RMM, uma revisão dos exemplos finais apresentados).

O planejamento estratégico no século XXI

capítulo 8

> *A chave da excelência na estratégia, não importa o que se faça e que abordagem se adote, é definir com clareza tal estratégia e comunicá-la reiteradamente a clientes, funcionários e acionistas.*
>
> Nitin Nohria[*]

Como vivenciamos, o conceito de estratégia nasceu na guerra, evento no qual a realização de objetivos significa, basicamente, superar um concorrente (adversário), fazendo com que este fique impedido de realizar seus próprios objetivos. Partindo dessa premissa, cada lado teria como objetivo central derrotar o lado oposto, vindo daí a definição de Aristóteles (1973) de que a finalidade da estratégia é, estritamente, a vitória[**]. Transportando os pressupostos da natureza militar para o contexto empresarial, poderíamos relativizar esses preceitos iniciais e tratar o conceito de estratégia como a forma de alcançar os objetivos delineados de maneira a superar os problemas existentes.

Ao analisarmos a evolução da teoria econômica, notamos que tanto os clássicos (Marx, Ricardo, Stuart Mill, Adam Smith e Malthus) quanto os neoclássicos (Veblen, Schumpeter, Bauer, Hayek, Joseph, Keynes, Samuelson e Friedman), bem como os monetaristas e, em lado oposto, os estruturalistas, exerceram certo grau de influência no processo histórico dos sistemas de planejamento, sejam eles de origem macroeconômica, sejam de origem microeconômica. Contudo, não observamos nenhuma participação direta na proposição e no desenvolvimento de

---

[*] Citado por Herrero Filho (2005).
[**] Nas palavras de Aristóteles: "O fim da arte médica é a saúde, o da construção naval é um navio, o da estratégia é a vitória e o da economia é a riqueza" (Aristóteles, 1973, p. 249).

teorias atreladas ao planejamento estratégico, o que soa até como algo paradoxal.

Por isso, o planejamento estratégico aproveitou-se de terminologias e de elementos primordiais das ciências militares. Teve como pano de fundo a obra seminal do general da Prússia Karl von Clausewitz – intitulada *Da guerra* (em tradução literal do alemão, *Vom Kriege*) – que constitui um tratado sobre a arte militar e as estratégias, escrito majoritariamente após as Guerras Napoleônicas (entre 1816 e 1830), vindo a ser publicado postumamente em 1832. Tais terminologias e elementos foram transformados em instrumentos microeconômicos por acadêmicos do quilate de Russell Ackoff, Marvin Bower, Philip S. Thomas, Louis Cassels, Igor Ansoff e outros, em centros importantes de pesquisa, como as universidades de Chicago, de Harvard e da Califórnia.

No entanto, as metodologias formuladas se baseavam na cultura de países desenvolvidos (realidade em que estavam inseridos os principais investigadores dessa matéria) e ignoravam a conjuntura de países emergentes ou subdesenvolvidos, inviabilizando, muitas vezes, o perfeito uso desses instrumentos, fundamentalmente no que tange à análise do macroambiente, sendo essa uma notória restrição dos modelos utilizados.

Ademais, considerando-se o conteúdo abordado nos capítulos anteriores, com ênfase no primeiro, no qual é revisitada toda a evolução da **teoria geral da administração** e a inserção do planejamento estratégico naquela conjuntura, fica evidente que, em grande maioria, as ferramentas e metodologias utilizadas nos processos de planejamento estratégico remetem às décadas de 1960 e 1970, período em que foram propostos instrumentos e métodos, como as matrizes SWOT, produto-mercado e BCG, além das forças de Porter.

No entanto, a realidade existente nos tempos atuais é muito diversa daquele cenário em que tais instrumentos foram cunhados, o que corrobora a importância de se elaborarem novos modelos de planejamento estratégico. É preciso, sim, considerar as ferramentas já pesquisadas e disponíveis, mas é necessário também adotar novas possibilidades de enxergar essa área fulcral e nevrálgica das empresas.

Apresentamos, ao longo dos capítulos anteriores, algumas análises a respeito dessas mudanças ocorridas no ambiente como um todo, destacando, por exemplo, a globalização, que modificou a forma como as empresas devem pensar e formular suas estratégias, afinal, as organizações são cada vez mais tentaculares e transnacionais, lidando com concorrentes, fornecedores e clientes pelos quatro cantos do planeta. As barreiras e as fronteiras foram quebradas, logo, adaptar-se a essa realidade é fundamental para compreender a nova configuração de forças, poder e transformações nos hábitos de consumo.

A internet, por exemplo, alterou todo o contexto até há pouco vigente, trazendo novos ingredientes e, por conseguinte, novas possibilidades para o setor empresarial. A rede conectou agentes distantes, aproximou mercados e viabilizou uma vertiginosa proliferação de novos negócios. Se fizermos uma análise ampla, observaremos que, ao mesmo tempo que trouxe tantas inovações e oportunidades, ela pode ter sido primordial para salvar negócios até então fadados a uma queda substancial nos resultados, como é o caso dos Correios, no Brasil. Como o acesso à internet propiciou a redução do número de cartas trocadas – hoje é tudo *on-line*, em tempo real, via *e-mail*, *chat* ou *webcam*, a forma de comunicação foi alterada e a tendência era que as agências postais perdessem força. Todavia, com o comércio eletrônico e as compras digitais, esse mercado que vinha arrefecendo ressurgiu com musculatura, pois as entregas, em muitos casos, são feitas via Correios. Note que surge aí outra possibilidade de empreendimento: as empresas privadas de entregas e de logística; afinal, com o advento da internet, esses serviços foram amplamente utilizados e várias organizações surgiram a fim de ocupar essa lacuna de mercado.

Desse modo, por meio de um simples exemplo, é possível sublinhar as inúmeras modificações e inovações recentes que impactam as empresas e, com efeito, suas estratégias. Para nos estendermos ainda mais nessa vereda, poderíamos citar a digitalização, que influenciou diversas indústrias, como é caso da música e do vídeo em formato digital. Essa alteração provocou uma queda brusca nos índices de vendas de discos e modificou todo o cenário, até então consolidado, da indústria fonográfica pelo mundo, o que se aplica também à indústria do cinema.

Parece que a teoria darwinista poderia muito bem ser absorvida pelas empresas e por aqueles que as integram: ou se adaptam e sobrevivem, ou não se adaptam e são extintas.

A formiga é pré-histórica e está aí até hoje (enfrentou eras geladas, mudanças climáticas e alterações no ecossistema), enquanto o dinossauro não foi capaz de absorver tais transformações e de se adaptar a novas realidades e então acabou extinto.

Assim funciona também com as empresas (espécies de organismos vivos), que devem sempre buscar na visão de futuro e na compreensão das alterações recentes elaborar cenários e estratégias, bem como fazer cumprir os objetivos propostos com o intuito de se manterem vivas, salvaguardando um dos princípios fundamentais da contabilidade: a continuidade.

Teoricamente, as empresas foram criadas para durar[*] (talvez aí esteja uma das principais justificativas para o registro do custo histórico nos demonstrativos financeiros das firmas), mas nada passa do plano teórico se todos os fatores e variáveis, externos e internos, não forem observados, aprimorados, antecipados e, principalmente, utilizados para que estratégias sejam aplicadas de tal forma que essa característica teórica se torne, efetivamente, prática.

No mundo contemporâneo, verificamos diversas mudanças, cada vez mais velozes, no cenário global, tais como: o surgimento e a solidificação de mercados emergentes e a ascensão da classe média em países em desenvolvimento, como os Brics (Brasil,

---

[*] James Collins e Jerry Porras retratam, no livro *Feitas para durar*, uma pesquisa conduzida com 18 empresas entendidas como excepcionais e duradouras – algumas com aproximadamente cem anos de existência e *performance* superior à da média do mercado acionário desde 1926 – e as distinguem entre aquelas consideradas visionárias (chamadas *instituições líderes*) e aquelas bem-sucedidas, levando em conta as características, o perfil histórico e o desempenho dessas firmas (Collins; Porras, 2004).

Rússia, Índia, China e África do Sul); a criação de inovações a uma velocidade constante – acelerando o ritmo da obsolescência programada, profundamente estudada por Schumpeter* pelo prisma econômico –; a ascensão dos direitos femininos e do público LGBTTT (lésbicas, *gays*, bissexuais, travestis, transexuais e transgêneros); o crescimento das preocupações ecológicas e climáticas; o aumento das variações demográficas (que, se bem aproveitadas, constituem-se em oportunidades, afinal, as grandes potências no século XVIII aproveitaram-se bem dessa janela demográfica pela qual atravessa o Brasil e avançaram em crescimento e desenvolvimento econômico); o envelhecimento global proveniente do aumento da expectativa de vida das pessoas e do baixo índice de nascimentos nas nações desenvolvidas.

Novos mercados hão de surgir, outros hão de desaparecer. O planejamento estratégico transcende, portanto, a mera proposição de matrizes ou a simples definição de uma missão para uma organização. Planejar é analisar as forças de mudança que despontam nos contextos macro e microeconômicos, amplificar o sentido de inovação e o incentivo ao conhecimento, captar tendências, projetar cenários e posicionar a empresa de maneira competitiva, é olhar para o "retrovisor do tempo" e mirar "os faróis dos caminhos futuros". Como afirmou o filósofo dinamarquês Soren Kierkegaard (2001, p. 55), "A vida só pode ser

---

* Além das principais obras de Schumpeter (1982, 1984), sugerimos a leitura de Nasar (2012), que destaca em seu livro as teorias desenvolvidas por aquele importante economista de forma romanceada e menos técnica. Aliás, este é um livro que trata da história dos mais importantes economistas do mundo ao longo dos séculos, sendo Schumpeter um entre os vários retratados na obra, como personagens do quilate de Keynes, Malthus e Marx.

compreendida olhando-se para trás; mas só pode ser vivida olhando-se para a frente". Ou, conforme Cavalcanti (2001, p. 75),

> *Ter um plano não é suficiente, é preciso ter um plano com estratégia e que gere pressão constante nas organizações para que as pessoas pensem até coletivamente, em grupo, dentro da organização e que em verdade, desenvolvam a capacidade de pensamento dentro das organizações, aprendendo e passando a viver pensando por si e no lugar do outro.*

Somando a isso o fato de que a gestão estratégica não é, necessariamente, uma ferramenta cara, formal e amplamente complexa, verificamos que o perfeito uso dessa filosofia (ou metodologia) garante uma visão de futuro mais ampla para as empresas, uma vez que permite, sobretudo, antecipar decisões e preparar a companhia para os desafios que estão por vir, devendo, portanto, ser difundida nas organizações.

Por esses mesmos fatores aludidos no parágrafo anterior, vale salientar que a gestão estratégica não se restringe às multinacionais e às empresas de grande porte, podendo ser utilizada, de maneira integrada, nas microempresas, que são importantes no cenário econômico brasileiro e apresentam alta taxa de mortalidade, principalmente nos dois primeiros anos de vida. O uso de uma ferramenta como o modelo RMM pode auxiliar os pequenos empresários na gestão estratégica da inovação, das pessoas e das finanças da entidade, dos instrumentos de *marketing*, do conhecimento empresarial, da produção e das tecnologias, evitando até mesmo os índices observados de falência, insolvência e mortalidade de microempresas.

No entanto, tem-se difundido na literatura acerca do assunto uma imagem que não corresponde à realidade atual e dificulta o processo de implementação do planejamento estratégico nas empresas. Fazendo uso das palavras de Mintzberg, podemos ilustrar a importância da formulação de estratégias e destacar como esse processo nem sempre acontece de maneira formal:

> *Imagine alguém planejando uma estratégia. O que provavelmente vem à mente é a imagem de um pensamento bem organizado: um gerente sênior, ou um grupo deles, sentado em um escritório formulando cursos de ação que qualquer um seria capaz de implementar conforme o programado. A base de tudo é a razão – controle racional, análise sistemática de concorrentes e mercados, dos pontos fortes e fracos da empresa e a combinação dessas análises produzindo estratégias claras, explícitas e completas. Agora, imagine alguém criando* **artesanalmente** *uma estratégia. Surge uma imagem completamente diferente, tão distinta de planejamento quanto artesanato difere de mecanização. Uma arte requer as qualidades tradicionais de habilidade, dedicação e perfeição, que se manifestam no domínio dos detalhes. O que vem à mente não é tanto pensamento e razão quanto envolvimento, sentimento de intimidade e harmonia com os materiais manipulados, desenvolvidos em função de longa experiência e comprometimento. Os processos de formulação e implementação transformam-se em um processo contínuo de aprendizagem através do qual surgem estratégias criativas.* (Mintzberg, 1998, p. 419, grifo do original)

Assim, baseando-nos no que foi preconizado pelo autor e fazendo uma alusão ao barroco mineiro a fim de facilitar a compreensão de conceitos e da realidade atual, uma comparação poderia ser feita: o gestor seria Aleijadinho* e a estratégia, a pedra-sabão. Sob esse enfoque, o célebre artífice sentaria com seus equipamentos em frente a uma pedra enorme, tendo sua mente voltada a esta matéria-prima: a rocha metamórfica. Todavia, sua mente não está restrita à pedra-sabão que segue em seu campo de visão, está também entre as experiências passadas de sua carreira artesanal (o que fracassou e o que foi sucesso, as técnicas que deram certo e aquelas que devem ser evitadas) e as expectativas para o futuro. Enquanto trabalha, o escultor utiliza esse conhecimento implícito que é parte do trabalho passado, mas pode se afastar dele e seguir uma nova direção.

O mesmo acontece no ramo empresarial: o gestor está situado entre um passado de capacidades corporativas e um futuro de oportunidades de mercado, levando para sua proposta de trabalho um conhecimento profundo e próprio acerca dos materiais (principalmente, a gestão de pessoas) que utiliza, sendo essa a virtude essencial da criação artesanal. Portanto, *feeling*, sentido de inovação, capacidade de processar as informações que recebe e entendimento da estratégia nessa visão mais ampla do sentido artesanal fazem dos gestores pessoas com habilidades

---

* Aleijadinho é o nome pelo qual ficou conhecido Antônio Francisco Lisboa, que faleceu em Ouro Preto, em 1814 e é reconhecido como o maior expoente artístico do Brasil colonial, com destaque nos campos da escultura e da arquitetura. Toda a sua obra, que envolve talha, projetos arquitetônicos, relevos e estatuária, foi realizada em Minas Gerais, principalmente nas cidades de Ouro Preto, Sabará, São João del-Rei e Congonhas.

requeridas para participar do importante processo de gestão estratégica nas organizações.

O próprio Mintzberg assim concluiu:

> O que, então, isso significa para a escultura de uma estratégia? Vamos retornar às palavras associadas à arte: dedicação, experiência, envolvimento com o material, toque pessoal, domínio de detalhes, um sentido de harmonia e integração. Gerentes que esculpem uma estratégia não passam muito tempo nos gabinetes de executivos lendo relatórios de sistemas de informações gerenciais ou análises do setor industrial. Eles estão envolvidos, atentos a seus materiais, aprendendo sobre suas organizações e setores industriais através de um toque pessoal. São também sensíveis à experiência, reconhecendo que, embora uma visão individual possa ser importante, outros fatores devem ajudar a determinar a estratégia, também. (Mintzberg, 1998, p. 432)

Observando todos esses fatores e aspectos, o modelo RMM, apresentado neste livro, propõe uma nova visão sobre a realidade da gestão e do planejamento estratégico. É uma metodologia que aglutina as outras teorias já formuladas e reconhece suas devidas funcionalidades, mas traz os atributos e os instrumentos daquelas para uma visão moderna e conjunta da atual realidade global. O perfeito uso dessa ferramenta, temos certeza, há de auxiliar, e muito, na arte e na tarefa essencial de planejar.

8.1
A inteligência empresarial: estratégia e sistemas de informação

Você sabia que, na maioria das vezes, os locais onde foram travadas batalhas militares acabaram fornecendo seu nome para o próprio confronto? Exemplos: Guerra do Paraguai e Guerra de Troia, Batalhas do Sinai, das Montanhas de Golã ou de Waterloo etc. Essa associação, entretanto, não deve ser repassada diretamente para o mundo dos negócios. A guerra pela captura e manutenção de novos consumidores não acontece nos locais (gôndolas dos supermercados, lojas de conveniência ou *shopping centers*) onde os produtos são exibidos. Essa guerra é virtual e travada, anteriormente, na mente dos consumidores.

No passado, nas empresas, os sistemas de informação eram considerados um tradicional processo de consolidação de dados, que agilizariam certas informações para as tomadas de decisão em nível operacional, relacionadas, por exemplo, a estoques, folha de pagamentos, apropriação de custos, faturamento, pagamento de impostos, fornecedores.

Com a disseminação do uso dos computadores nas empresas, a partir da década de 1960, percebeu-se que, além de utilizados no controle de processos subsistêmicos, os computadores poderiam ser programados para dar suporte ao processo decisório.

Graças ao contínuo aumento de sua capacidade de processamento, os computadores permitiram, rapidamente, reunir diversas informações emanadas de áreas em que já estariam atuando, ordenando-as, sistematizando-as e formatando-as, de maneira que pudessem automatizar as decisões programáveis, auxiliando, dessa forma, o tomador de decisão em nível tático.

Destarte, com a ênfase cada vez maior na abordagem organizacional sistêmica, os especialistas consideraram que o enfoque dos sistemas de informação poderia ser ampliado, englobando também decisões não programáveis calcadas no conhecimento com base no fluxo de informações não automatizadas.

Podemos considerar que as ligações entre os conceitos de processos decisórios empresariais, desenvolvidos por Simon (1960), e de sistemas de informação, têm aplicação no planejamento, organização e controle dos diversos subsistemas empresariais, suportando tanto as decisões passíveis de serem programadas, quanto aquelas que não podem ser programadas.

Aceitas as premissas anteriores, de acordo com Castor e Suga (1988, p.112), "é possível discutir algumas estratégias básicas a serem adotadas pelas equipes de planejamento para implantar, com sucesso, o processo de planejamento no ambiente empresarial, além de ganhar aceitação dos demais membros da organização e influenciar efetivamente as decisões e as ações". Tais estratégias tratam, essencialmente, de cingir os responsáveis de linha nas atividades de planejamento, bem como naquelas de controle; impulsionar o *turnover* entre planejadores e executivos em funções de linha e de assessoria no processo de treinamento; desenvolver redes informais de planejamento; e associar, com efetividade, os processos de planejamento e controle mediante uma cronologia adequada.

Para elaborar essas estratégias, é necessário um mínimo de conhecimento técnico relativo à própria atividade, dado que o planejamento empresarial envolve as ações constantes de conformar, justar e afinar a organização ao ambiente no qual está inserida. "É necessário – por questões de eficiência – não reinventar a roda a cada problema empresarial com que o planejador se defronte e para isso existe um conjunto de conhecimentos acumulados que pode ser aprendido" (Castor; Suga, 1988, p. 112).

De um lado, percebemos que o conhecimento de natureza técnica pode ser pesquisado e internalizado de forma uniformizada, relevando as singularidades de forças que circundam uma empresa (o número exponencial de publicações que retratam o planejamento e seus aspectos técnicos ilustra bem essa condição). Todavia, em vertente oposta, as particularidades políticas inerentes a cada organização são diversas e latas, o que restringe a possibilidade de investigá-las de forma padronizada e simples, tornando-se mais um aspecto artístico que científico.

Por isso, em consonância com as proposições delineadas por Castor e Suga (1988), o planejamento empresarial só surtirá efeito e será eficaz se envolver dois momentos fundamentais: o ato de reflexão e criação, quando os problemas são estudados exaustivamente e as soluções inovadoras são propostas; e o momento de estimar se os projetos desenvolvidos a partir das ideias iniciais apresentam viabilidade, o que vai requerer a formulação de estratégias de convencimento, afinal, uma empresa é composta de indivíduos que semeiam valores distintos e levam em conta tais características no processo decisório.

Como ensinou Maquiavel (2011, p. 51),

> *Não existe nada mais difícil de fazer, nada mais perigoso de conduzir, ou de êxito mais incerto do que tomar a iniciativa de introduzir uma nova ordem de coisas. Quem toma tal iniciativa adquire a inimizade de todos os beneficiados pela antiga ordem e é defendido, sem muito calor, por todos aqueles que seriam beneficiados pela nova ordem.*

No entanto, há uma máxima que prevalece no reino do planejamento empresarial segundo a qual esse é um processo lógico que visa, em última instância, ao estabelecimento de objetivos, à determinação de estratégias e aos meios necessários para alcançá-las. Pensando nisto, Hayes (1986) já sinalizava que aí reside um grande equívoco do ambiente corporativo, pois há disseminação nesse meio da prática de elaborar modelos esquemáticos grandiosos e soluções portentosas e robustas, muitas delas com elevado risco de insucesso, em vez de se apostar em ações incrementais que contemplem em seu bojo uma apropriada avaliação dos meios (recursos humanos, materiais, culturais e tecnológicos) e antecedam e condicionem a elaboração de objetivos e estratégias.

Nesse contexto, as empresas poderiam maximizar resultados e aproveitar os efeitos positivos gerados pelo planejamento/gestão estratégica. Há que ressaltar, não obstante, que o planejamento é de alcance e de prazo longos, apesar de existir no meio empresarial a cultura do imediatismo. Mesmo reconhecendo que os resultados de curto prazo são importantes para que a alta administração continue investindo e apostando no futuro, devemos enfatizar que a excessiva preocupação com os resultados presentes podem ocultar os reais elementos que garantirão a perenidade da firma, questões estas que levariam à sustentabilidade duradoura e permanente da empresa. Por isso, planejadores não podem ficar cegos para o longo prazo em função da cobrança imediata, pois tal postura pode soterrar a formulação de estratégias e objetivos que se harmonizam com o longo prazo.

Estudo de caso

O exército virtual (Tradicom)

Ares inovadores começaram a soprar no setor de segurança privada. Uma empresa que trabalha na área de segurança (a Tradicom) já está testando, em condomínios, *shoppings*, pontos de pedágio e outras organizações, o serviço de guardas virtuais, que, dependendo da necessidade dos clientes, podem ter como companhia cães virtuais.

Desenvolvido com base na visão de um ex-militar experiente, que, por sua vez, se inspirou em um filme de ficção, e projetados por um escultor de alegorias carnavalescas, esse verdadeiro exército virtual oferece diversas vantagens em relação aos vigilantes reais: são assíduos, trabalham 24 horas por dia sem cobrar hora extra, não fazem greves, não correm de ladrões nem utilizam banheiros.

Construídos em fibra de vidro, com o formato de manequins de tamanho natural e dotados de microcâmeras no lugar de olhos, guardas e cães virtuais são replicantes quase perfeitos de seus concorrentes de carne e osso, podendo substituí-los em lugares onde os habituais vigilantes são desnecessários.

Apostando no sucesso da tropa virtual, o empreendedor já está engatando a segunda marcha em sua linha de montagem. Prepara-se agora para atender a uma encomenda de 250 novos replicantes, na proporção de 16 guardas para cada cão, que, dependendo dos pedidos, pode ser das raças *rotweiller* ou *dobbermam* e, sem sujar o ambiente, saberá latir alto e forte para estranhos.

No Rio de Janeiro, essa inédita criação de replicantes que carregam equipamentos de monitoração eletrônica embutidos nos olhos e ligados a uma central de comando já pode ser vista no prédio do Instituto de Metrologia, em Xerém, e em postos-chave de um prédio inteligente no hipercentro da cidade.

Com base nessas informações, explicite a **identidade** de uma empresa virtual com a escolha dos elementos relacionados no Quadro 8.1.

QUADRO 8.1 – Características para a formação da identidade

Identidade	Ação	1. Atender 2. Garantir 3. Assegurar	4. Contribuir 5. Substituir 6. Satisfazer	
	Especificidade de demanda	1. Anseios 2. Pedidos 3. Interesses	4. Exigências 5. Solicitações 6. Necessidades	
	Ambiência de atuação	1. Bancos 2. Artistas 3. Executivos	4. *Shoppings* 5. Condomínios 6. Órgãos do governo	
	Atividades cogitadas	1. Locação 2. Produção 3. Distribuição	4. Manutenção 5. Comercialização 6. Assistência técnica	
	Filosofia	1. Eficácia 2. Inovação 3. Qualidade	4. Criatividade 5. Lucratividade 6. Diferenciação	

Após definir a identidade, determine as variáveis que são fontes de ameaças (A, B, C) e de oportunidades (D, E, F), conforme o Quadro 8.2, no relatório de auditagem externa.

QUADRO 8.2 – Variáveis relacionadas na auditagem externa

Variáveis relacionadas na auditagem externa	
Ameaças	**Oportunidades**
☐ Condições impostas pelos fornecedores.	☐ Legislação trabalhista.
☐ Comportamento da economia brasileira.	☐ Privatização das rodovias.
☐ Frequência das mudanças tecnológicas.	☐ Salários e reajustes salariais.
☐ Disponibilidade de mão de obra especializada.	☐ Inexistência de concorrentes.

(continua)

(Quadro 8.2 – conclusão)

☐ Relacionamento com sindicatos.	☐ Nível de necessidade existente.
☐ Legislação tributária e fiscal.	☐ Adaptação às mudanças tecnológicas.
☐ Resistência às inovações.	☐ Perspectivas de crescimento econômico.
☐ Taxas de juros internas.	☐ Agravamento das tensões sociais urbanas.
☐ Novos concorrentes.	☐ Disponibilidade de tecnologias no mercado.
☐ Câmbio.	☐ Potencial de crescimento do número de consumidores.
☐ Outras.	☐ Outras.

A posteriori, considere as variáveis internas (GHI e JKL) já explicitadas pela alta administração com base no relatório de auditagem interna passado pelo grupo de analistas, que segue:

> *Na auditagem interna realizada na Tradicom, foram destacadas as vulnerabilidades mais relevantes da empresa: elevado grau de endividamento, excesso de informalidade, estrutura organizacional caótica, grande desperdício de material, rotatividade de pessoal e indefinição quanto aos veículos de comunicação a serem utilizados para divulgação dos produtos. Também, nesta etapa, os pontos fortes mais relevantes foram apontados: a qualidade dos produtos, a margem de contribuição deles, o comprometimento e a motivação do pessoal da área de produção e a grande capacidade da Tradicom de se adaptar às frequentes mudanças tecnológicas.*

Determine a seguir os objetivos da Tradicom nos dois cenários: pessimista (OCP) e otimista (OCO). Utilize a matriz do posicionamento estratégico, a matriz produto-mercado e a matriz BCG.

FIGURA 8.1 – Matriz para estabelecimento dos objetivos da Tradicom

	Mercados existentes	Mercados novos
Produtos existentes		
Produtos novos		

Cogite as estratégias para os dois cenários (ECP e ECO), que podem podem ter com base banco de estratégias previamente preparado pela equipe de consultores.

QUADRO 8.3 – Cenários ECP e ECO

Estratégias	
Cenário pessimista	Cenário otimista
☐ Estruturar o SAC.	☐ Estabelecer parcerias.
☐ Estabelecer parcerias.	☐ Premiar equipe de vendas.
☐ Implementar o *marketing* direto.	☐ Participar de feiras e eventos.
☐ Implementar *endomarketing*.	☐ Abrir novos pontos de venda.
☐ Participar de feiras e eventos.	☐ Analisar a possibilidade de franquear.

(continua)

(Quadro 8.3 – conclusão)

☐ Contratar vendedores autônomos.	☐ Associar *merchandising* aos produtos.
☐ Divulgar marca dos fornecedores nos uniformes.	☐ Divulgar marca dos fornecedores nos uniformes.
☐ Induzir consumidores ao experimento.	☐ Implementar visitas aos novos clientes.
☐ Reduzir estoques.	☐ Atualizar a tecnologia.
☐ Reduzir o nível de atividade.	☐ Ampliar a assistência técnica.
☐ Buscar a eficiência operacional.	☐ Criar plano de cargos e salários.
☐ Garantir o suprimento dos fornecedores.	☐ Conceder descontos para determinados clientes.
☐ Racionalizar os processos para diminuir os custos.	☐ Conceder prazo de garantia aos produtos.
☐ Reduzir pessoal.	☐ Adequar a estrutura funcional.
☐ Adequar a estrutura funcional.	☐ Treinar pessoal para aumento da produtividade.
☐ Criar o sistema de normas e procedimentos.	☐ Promover aportes de capital.
☐ Implementar orçamentação financeira.	☐ Conceder maiores prazos de pagamentos.
☐ Controlar rigorosamente o fluxo de caixa.	☐ Dar participação nos resultados aos funcionários.
☐ Converter dívidas em capital próprio.	☐ Reinvestir 75% dos excedentes financeiros.

Estudo de caso

5àsec[*]

Em 1994, após haver cogitado entrar no negócio de segurança eletrônica, em Belo Horizonte, a engenheira civil Ângela Resende, casada e moradora de um condomínio fechado em Nova Lima, optou por desenvolver um negócio já formatado, como meio de minimizar os riscos da abertura de seu próprio empreendimento, pois, segundo ela própria, aprender apenas com a prática, com o instinto, não é o ideal.

Como se considerava inexperiente, "verde", em gestão de negócios, optou por ser franqueada de uma rede francesa, 5àsec, empresa especializada em limpeza e tratamento de roupas, pois se sentia mais segura com a credibilidade passada pela marca da franqueadora (as lojas da rede exibem o mapa do globo com seus respectivos pontos de venda).

Fundada em 1968, a rede de franquias 5àsec tem origem em Paris, onde o clima é bastante complexo (mais ainda em 1968), com a fusão de 5 pequenas lavanderias, todas elas especializadas em limpeza de tecidos (roupas) com o uso de produtos químicos em suas operações, ou seja, lavagem a seco. Em 2010, a rede 5àsec já atuava de forma global, operando mais de 1.500 lojas em mais de 40 países e já tendo atendido, até aquela data, mais de 1 bilhão de consumidores.

---

[*] Este estudo de caso foi elaborado com base na palestra ministrada pela proprietária Ângela Resende e na entrevista realizada com ela no ano de 2004. Para mais informações, ver Resende (2004).

Amixstudio/Shutterstock

No Brasil (cujo *share* da lavação tradicional, a água, é de 30%), a 5àsec atua desde 1994. Conta com mais de 230 lojas, sendo mais de 100 em São Paulo, e seu público-alvo são consumidores de renda acima da média, que desejam obter as vantagens de uma limpeza rápida, que higienize o tecido sem danificá-lo e que prolongue a vida útil de suas roupas mais sofisticadas.

O franqueado máster (São Paulo), que atua no nível institucional da rede, optou no início por operar a rede com maquinário italiano, utilizando-se de insumos químicos alemães, mas com o *savoir faire* francês. Como ter preço competitivo pressupõe ter fornecedores que desenvolvam produtos nessas mesmas condições, os insumos vinham de São Paulo mesmo e as embalagens plásticas, de Belo Horizonte.

No início das operações na zona sul de Belo Horizonte, originalmente, a 5àsec não era uma lavanderia de elite, já que forçou o mercado a se adaptar aos seus níveis de preços, pois, enquanto entregava um terno já passado a R$ 11,00, a Eureka (concorrente considerada na época a maior lavanderia do Brasil) fornecia a R$ 23,00. "No princípio estávamos numa 'zona confortável' em termos de tecnologia e de preço", ressalta Ângela (Resende, 2004), a proprietária da franquia.

Embora não concorra com lavanderias a quilo (mas com a Qualittá, uma cisão entre sócios de uma franqueada), a 5àsec vai atrás de nichos: "busca gente que usa terno, gente que vai a festas", pondera Ângela (Resende, 2004). Por exemplo, quem usa um lençol Trussardi certamente vai levá-lo à 5àsec, já que uma das vantagens da lavagem a seco é que a roupa dura diversas vezes mais.

Em todo o Brasil, os franqueados da rede têm de comprar somente de fornecedores licenciados pela franqueada máster. O insumo principal para lavação a seco, que era comprado da Alemanha, hoje já é nacionalizado e as franquias de Belo Horizonte também conseguiram desenvolver seus próprios fornecedores de embalagem.

Enquanto as operações da 5àsec em Fortaleza surpreenderam, em Belo Horizonte, a loja da Pampulha não deu certo, já que o poder aquisitivo do segmento a ser atendido e a densidade demográfica da região influenciam muito nos resultados dos franqueados. De forma contrária, a 5àsec atua nos bairros Belvedere, Mangabeiras, Lourdes e Cidade Jardim e somente o ponto de venda do Gutierrez não pertence à proprietária, Ângela.

Com a queda do poder aquisitivo de seu público-alvo, em Belo Horizonte a franqueada mudou sua estratégia de venda, como explica Ângela:

Agora eu tenho que ir até o cliente [...] Antigamente, eu o esperava. [...] Na loja, eu tenho então que garantir que ele volte [...] os empregados têm que tratar roupa bonita ou feia do mesmo jeito [...] e quando determinado cliente faz muitas recomendações sobre a lavação de suas roupas (alguns trazem até a nota fiscal das mesmas, nós ficamos parcialmente alertas, pois alma muito encomendada não vai para o céu. Assim, se por um lado a tecnologia é francamente copiável, diferenciar-nos em termos de mão de obra (profissionalismo) é estratégico... Em BH, quando um negócio dá certo, todo mundo quer entrar no ramo. Mas o mercado é dinâmico se os problemas podem oscilar no sentido inverso (ociosidade da capacidade instalada) podendo chegar até a levar à guerra de preços entre os próprios franqueados. Nós, por princípio e valores, mantemos sempre as cláusulas acertadas previamente com a franqueadora. Não entramos nessa guerra. O franqueado tem a função de um gerente, mas, até por formação (engenharia), eu adoro a área operacional. Foi na que mais eu [me] desenvolvi. Tudo que vai crescendo vai dando mais problemas, sendo assim, só aprendi a delegar funções quando tive que atender às outras lojas. (Resende, 2004)

Após a leitura do estudo de caso, identifique:

1. Cinco variáveis externas do modelo RMM que representam ameaças à 5àsec.

2. Cinco variáveis externas do modelo RMM que representam oportunidades à 5àsec.

3. Cinco variáveis internas do modelo RMM que representam as forças da 5àsec.

4. Cinco variáveis internas do modelo RMM que representam as fraquezas da 5àsec.

Em seguida, trace dois planos distintos para a empresa, um levando em conta um cenário otimista e outro considerando o cenário pessimista.

Estudo de caso

Consumerismo e ecologismo

Consumerismo

De acordo com Kotler (1980, p. 558-559), "Consumerismo é o movimento organizado, de cidadãos e governos, interessados no fortalecimento dos direitos e do poder dos compradores em relação aos vendedores". Entre esses direitos, destacam-se:

a. Não comprar um produto à venda;

b. Esperar que o produto seja seguro;

c. Esperar que o produto seja aquilo anunciado;

d. Ser adequadamente informado sobre todos os aspectos importantes do produto;

e. Ser protegido contra produtos e práticas de *marketing* questionáveis;

f. Influenciar as práticas de *marketing* em direção ao aumento da qualidade de vida. (Kotler, 1980)

Ecologismo

Ao longo da maior parte da história, as pessoas e a indústria têm mostrado uma atitude desatenciosa, se não exploradora, em relação aos recursos naturais. O mundo é dotado de tamanha riqueza de recursos que ninguém se preocupa com a falta deles.

Os ecologistas analisam seriamente o impacto dos processos de *marketing* no meio ambiente e os custos acarretados a ele pelo atendimento dos desejos e das necessidades dos consumidores.

Essas questões mantêm vivo o movimento, que se preocupa em proteger o meio ambiente contra aqueles que o destroem. A destruição de oportunidades de recreação e o aumento de problemas de saúde devido à má qualidade do ar, da água e dos alimentos transgênicos ou que receberam pulverização de produtos químicos que causam distúrbios ecológicos profundos e irreversíveis são suas principais preocupações.

Os ecologistas não são contra o consumo ou os processos de *marketing*. Simplesmente desejam que estes sejam operados segundo princípios mais sensatos, não somente com foco na maximização do consumo ou na satisfação do consumidor, mas na maximização da qualidade da vida. E esta significa não apenas a quantidade e a qualidade dos bens e serviços de consumo, mas a qualidade do meio ambiente.

Impactos do consumerismo

O consumerismo envolve um compromisso total por parte da alta administração, novas direções de políticas e de estratégias de pesquisa de *marketing*, instrução e participação da média administração e, é claro, investimentos que procurem aprimorar a satisfação dos clientes, as vendas e o lucro.

A maioria das empresas passa a aceitar os novos direitos do consumidor. Podem até opor-se a certas legislações à medida que estas não sejam o melhor caminho para resolver um problema específico para o consumidor. Reconhecem, entretanto, o direito do consumidor por informações e proteção.

O consumerismo é, realmente, a última expressão do conceito de *marketing*. Exige que o gerente de produto considere a cadeia produtiva do ponto de vista do consumidor. O gerente eficaz deve procurar por oportunidades implícitas na doutrina do consumerismo, em vez de lamentar suas restrições.

Impactos do ecologismo

Algumas estratégias devem ser adotadas pelas indústrias, uma vez que estas terão de introduzir conceitos de ecologia no escopo de seus projetos e das ações diversas da alta administração. Entre essas estratégias, podemos citar:

a. Manter estreitos contatos com agências governamentais específicas;

b. Informar os consumidores sobre os problemas de meio ambiente;

c. Criar comitês na fábrica para rever os processos produtivos;

d. Introduzir critérios ambientais nas tomadas de decisão;

e. Identificar procedimentos nocivos e fontes de poluição;

f. Focar o conceito de fábricas de reciclagem.

Diversos hotéis têm se voltado para esse tipo de público, oferecendo uma gama de atividades, além do simples serviço de estadia, a fim de garantir faturamento e atrair essa fatia do mercado. As principais atividades são:

- *Boiacross*: passeios em corredeiras de rios utilizando boias especiais.
- *Canyoning*: descida em cachoeiras com auxílio de cordas.
- Cavalgada: passeios a cavalo por estradas não pavimentadas ou trilhas.
- *Caving*: passeios e expedições dentro de grutas e cavernas.
- Cicloturismo: viagem ou turismo usando uma *bike*.
- *Mountain biking*: pedalada por trilhas montanhosas com *bikes* especiais.
- *Off-road*: passeios por trilhas e estradas não pavimentadas.
- *Rapel*: descida em rochas e pontes com auxílio de cordas.
- *Rafting*: descida em corredeiras utilizando botes infláveis.
- *Trekking*: caminhadas por matas, trilhas, rios, dunas ou montanhas.
- Voo livre: voos realizados com asas-deltas.
- *Paraglider*: saltos contra o vento realizados de rampas com paraquedas inflado.
- Mergulho: imersão em águas de rio, mar ou poços com cilindro de ar.

Agora é com você:

1. Crie uma empresa para atender ao *público* descrito.
2. Descreva as principais estratégias que devem ser tomadas, dadas as exigências do mercado-alvo.
3. Crie a identidade dessa empresa, observando suas características heurísticas.

capítulo 9

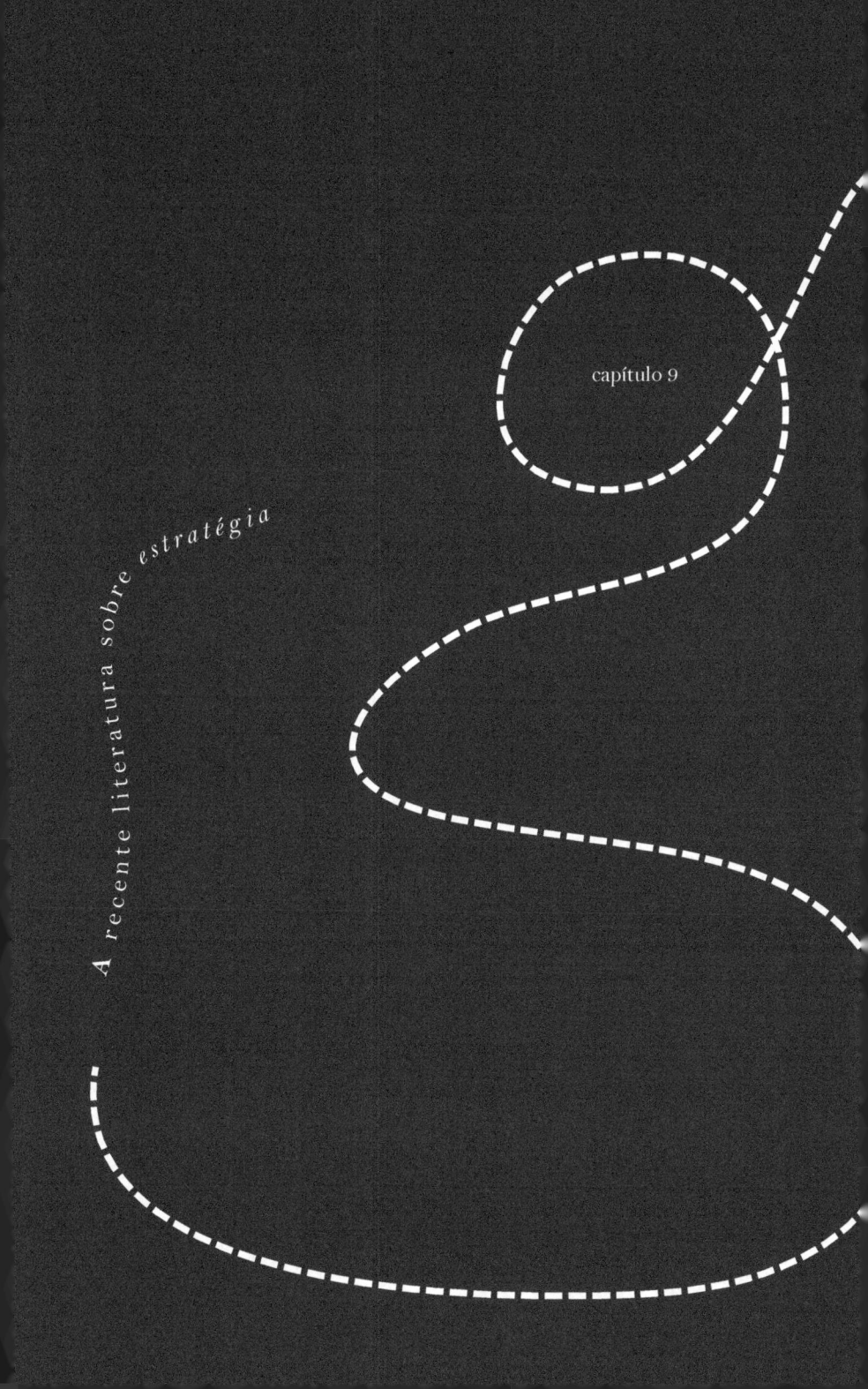

A recente literatura sobre estratégia

> *Tática é saber o que fazer quando existe algo a ser feito.*
> *Estratégia é saber o que fazer quando não há nada a fazer.*
>
> Savielly Tartakover[*]

Ao se consultarem as referências bibliográficas dos cursos sobre estratégia das escolas de negócios internacionais e dos cursos de Administração das universidades mais conceituadas do mundo, é possível que ainda se encontrem entre os manuais básicos e os livros introdutórios indicados as seguintes obras: *A economia da estratégia* (Besanko et al., 2006), *Cambridge Handbook of Strategy as Practice* (Golsorkhi et al., 2010), *O processo da estratégia* (Mintzberg et al., 2006) e *Practice Theory, Work, and Organization*, de Nicolini (2012), além do clássico *Estratégia competitiva: técnicas para análise de indústrias e da concorrência* (Porter, 1986) e do artigo "*Firm Resources and Sustained Competitive Advantage*" (Barney, 1991), publicado no *Journal of Management*, em 1991. Somam-se a essas referências aquelas utilizadas nos capítulos anteriores, em especial as de Ackoff (1969, 1974, 1993) e Ansoff (1965, 1977, 2007).

Todavia, quando se consultam os programas acadêmicos ou até mesmo as revistas internacionais de maior impacto no que tange ao tema *estratégia*, é possível notar que as pesquisas de maior relevância realizadas nesse âmbito se assentam em alguns pilares cruciais: economia da estratégia, desempenho, criação de valor, *stakeholder* e estratégia competitiva, grupos

---

[*] Citado por Alarcão (1989).

estratégicos (redes), capacidades dinâmicas e governança, além de estudos sobre a visão baseada em recursos.

Dessa feita, com o propósito de considerarmos as principais investigações conduzidas na contemporaneidade, fator essencial para a concretização de um livro desta magnitude, optamos por encerrá-lo detalhando os livros e os artigos referentes aos assuntos anteriormente citados. Ademais, partimos do pressuposto de que as pesquisas refletem o que tem ocorrido na prática das organizações e que desperta o interesse dos pesquisadores, o que corrobora ainda mais tal iniciativa.

No que concerne aos temas de **economia da estratégia**, **desempenho**, **criação de valor**, **stakeholder** e **estratégia competitiva**, observamos que as publicações seminais foram os artigos *"Value-based Business Strategy"* (Brandenburger; Stuart Jr., 1996), *"Shareholder Value, Stakeholder Management, and Social Issues: What's the Bottom Line?"* (Hillman; Keim, 2001), *"Competition and Business Strategy in Historical Perspective"* (Ghemawat, 2002), e *"Value Maximization, Stakeholder Theory, and the Corporate Objective Function"* (Jensen, 2002).

Brandenburger e Stuart Jr. (1996) apresentaram uma definição acerca do valor adicionado por meio de integração vertical de *supply chain*, considerando fornecedores, empresas e compradores, e o valor adicionado de cada *player* em particular ao longo dessa cadeia. Os resultados indicaram que o fator-chave para a realização de um valor adicionado positivo foi a existência de uma assimetria favorável entre a empresa e seus concorrentes. Nesse contexto, foi utilizada a teoria dos jogos cooperativos, que representa uma base natural para a análise da estratégia empresarial.

Hillman e Keim (2001) concluíram que, com a existência de mercados de concorrência acirrada, é fulcral para as empresas adquirir vantagens competitivas e atrair capitais para investimentos. No entanto, as organizações vivenciam dois conflitos: Investir na gestão de *stakeholders* gera mais valor para o acionista (*shareholder*)? E investir em questões sociais também adiciona valor para esses acionistas?

Ghemawat (2002) analisou, por meio de uma perspectiva histórica, as estratégias de competição e de negócios, revisando as teorias de concorrência e estratégia de negócios ao longo do último meio século. Esse estudo revela um desenvolvimento relativamente linear dos primeiros trabalhos por acadêmicos e por consultores em esforços para entender os determinantes da rentabilidade da indústria e da posição competitiva e, mais recentemente, para adicionar um tempo ou uma dimensão histórica para a análise.

Jensen (2002) parte do debate global existente em torno da governança corporativa, tema capaz de gerar uma gama de controvérsias e opiniões diametralmente opostas, principalmente em relação ao propósito central das organizações. A maior parte dessa discordância é oriunda da complexidade dos problemas e da força dos interesses antagônicos que são suscetíveis de serem afetados pelo resultado, juntamente com controvérsias relacionadas às forças políticas, sociais, evolutivas e emocionais que ainda não estão bem operacionalizadas no âmbito dos negócios e da economia. Para o autor, tais forças reforçam um modelo de comportamento empresarial em voga que se baseia nos conceitos de *família* e *tribo*, ou *clã*, um modelo tido por ele como anacrônico – um resquício de um período anterior de desenvolvimento humano que, no entanto, continua a causar muita confusão entre os gestores das empresas sobre o que eles e suas organizações devem fazer.

Nessa perspectiva, Jensen (2002) pondera que, com relação à governança, a organização deve responder, primeiramente, a questão sobre o que ela está tentando realizar. Depois, deve decidir quais serão as medidas de desempenho a serem adotadas. Na visão desse autor, a maioria dos economistas defenderia a maximização de valor da firma, um critério que nem sempre reflete a melhor alternativa.

A fim de discorrer a respeito dessas questões de maximização de valor, Jensen (2002) discute a teoria dos *stakeholders*, aquela segundo a qual os gestores devem tomar as decisões que levem em conta os interesses de todas as partes interessadas (fornecedores, comunidade, funcionários, governo, clientes etc.), discutindo a respeito da possibilidade de ter de atender a todos esses grupos de interesse e ainda maximizar valor, o que, em sua análise, é um contrassenso, pois a teoria dos *stakeholders* direciona os gerentes corporativos a servir a muitos mestres. E, parafraseando um velho ditado, "quando há muitos mestres, todos acabam sendo enganados".

Avançando na teoria e contemplando o *balanced scorecard*, um sistema de medição de desempenho da gestão de *stakeholders*,

Jensen (2002) propõe uma nova função-objetivo para as corporações maximizarem valor, o que ele chama de *teoria dos stakeholders iluminados*, utilizando a estrutura da teoria dos *stakeholders*, mas contemplando em seu bojo a maximização do tempo, isto é, a execução do valor da empresa como critério para fazer as compensações necessárias entre seus *stakeholders*, sendo a maximização do valor de longo prazo o objetivo fundamental das empresas.

Apesar de existir uma literatura anterior que contempla essa relação entre o desempenho financeiro e a responsabilidade social da firma ou o desempenho social – por exemplo, Aupperle, Carroll e Hatfield (1985); McGuire, Sundgren e Schneeweis (1988); Pava e Krausz (1996); Griffin e Mahon (1997); Waddock e Graves (1997) –, até o momento não se demonstrou a existência de uma relação empírica clara entre esses elementos.

Desse modo, a pesquisa estimou um modelo econométrico (com diversas variáveis) e o aplicou em uma amostra de 308 empresas. Os resultados, utilizando-se o valor adicionado de mercado (MVA) como uma medida de criação de riqueza ao acionista, indicam uma relação positiva com a gestão dos *stakeholders* e uma negativa com a participação em questão social. Além disso, os resultados apontam que a direção da causalidade é de gestão de *stakeholders*/participações em questões sociais para criação/destruição da riqueza dos acionistas, ou seja, a causalidade reversa não é suportada estatisticamente.

Assim, os resultados são consistentes com as hipóteses de que, teoricamente, o gerenciamento de *stakeholders* pode adicionar valor aos acionistas, enquanto a participação em questões sociais não leva à criação de riqueza para eles. Uma ressalva deve ser feita com relação às variáveis utilizadas na pesquisa, uma vez que, se outros elementos fossem considerados como participação em questões sociais, as inferências poderiam não ser suportadas.

No que tange à **estratégia competitiva** e aos **grupos estratégicos**, alguns estudos são fundamentais nesse campo, como os artigos *"Competitive Advantage Revisited: Michael Porter on Strategy and Competitiveness"* (Stonehouse; Snowdown, 2007) e *"Causation, Counterfactuals, and Competitive Advantage"* (Durand; Vaara, 2009).

Stonehouse e Snowdown (2007) observaram que a gestão estratégica está em constante evolução como disciplina acadêmica e como reflexo da prática de gestão e avaliaram as contribuições de Michael Porter para o desenvolvimento da disciplina e os avanços ocorridos desde a publicação da sua obra percursora sobre estratégia competitiva dos anos 1980. Os autores concluíram que Porter deixou um legado duradouro para a estratégia, aumentando tanto seu rigor acadêmico quanto sua acessibilidade aos gerentes.

Durand e Vaara (2009) trouxeram quatro contribuições primordiais para o entendimento da causalidade em pesquisa em estratégia: a exposição das condições epistemológicas, o desenvolvimento de uma abordagem contrafactual, duas metodologias detalhadas para a realização de análises e sugestões para pesquisas futuras em vantagem competitiva.

No tocante à **visão baseada em recursos**, há vários trabalhos sendo adotados no meio acadêmico, com destaque para o livro *The Nature and Dynamics of Organizational Capabilities* (Dosi; Nelson; Winter, 2000) e os artigos *Resource-based "Theories of Competitive Advantage: a Ten Year Retrospective on the Resource-based View"* (Barney, 2001) e *"Competitive Advantage: Logical and Philosophical Considerations"* (Powell, 2001).

No denso livro de Dosi, Nelson e Winter (2000), os autores avançaram na vereda das capacidades organizacionais, dividindo a argumentação como uma pilastra romana, isto é, com três vigas de sustentação teórica: as capacidades organizacionais, as novas capacidades organizacionais e a evolução das capacidades organizacionais em relação às raízes sociais. Para os autores, existem capacidades individuais e naturais dos indivíduos nas empresas, responsáveis por executar as tarefas de rotina e os processos de trabalho, e capacidades dinâmicas, que representam um somatório dessas capacidades e formam um "conhecimento agregado" da empresa.

Para Barney (2001), os recursos podem ser distribuídos de forma heterogênea entre as empresas concorrentes e tais diferenças podem ser de longa duração, o que ajuda a explicar por que algumas firmas apresentam um desempenho consistente em relação a outras do mesmo segmento. A visão baseada em recursos, na verdade, consiste em uma forma sustentada de vantagem competitiva (para tal, os recursos devem ser valiosos, raros, não imitáveis, e a empresa deve ser organizada para conseguir utilizar esses recursos de forma eficaz).

Powell (2001) examina as fundamentações lógicas e filosóficas e o caráter epistemológico das hipóteses da vantagem competitiva, que, por sinal, são variadas e ambíguas. O autor, sob nenhuma interpretação razoável, admite a inferência de que uma vantagem competitiva produz uma vantagem superior e ainda fundamenta suas formulações na análise bayesiana, identificando suposições ocultas que levam as pesquisas sobre vantagem competitiva a uma falsa inferência causal. Essas questões relacionadas às **capacidades dinâmicas** e à **governança** também foram investigadas nos artigos "*Dynamic Capabilities and Strategic Management*" (Teece; Pisano; Shuen, 1997), "*Dynamic Capabilities: What Are They?*" (Eisenhardt; Martin, 2000) e "*Governance: a Code of Multiple Colours*" (Ezzamel; Reed, 2008).

Teece, Pisano e Schuen (1997) ressaltam que o quadro das capacitações dinâmicas analisa as fontes e os métodos de criação de valor e capturam as informações de empresas da iniciativa privada que operam em ambientes de rápida mudança tecnológica. Assim, a vantagem competitiva das empresas é vista em processos distintos (formas de coordenar e combinar), moldada por posições de ativos da empresa – por exemplo, os ativos intangíveis, principalmente o capital intelectual (conhecimento) e a relação com os clientes – e dependente do caminho adotado ou herdado pela firma (evolução). Por isso, e em consonância com Barney (2001), a vantagem competitiva de uma empresa é dependente da estabilidade da demanda do mercado, da facilidade de replicabilidade (expansão interna) e da imitabilidade (replicação por parte dos concorrentes). Para adicionar valor (criar riqueza) aos acionistas, em regimes de rápida mudança tecnológica, a empresa depende, em grande medida, de aperfeiçoar processos tecnológicos, organizacionais e gerenciais internos.

Eisenhardt e Martin (2000) asseveram que as capacidades dinâmicas são um conjunto de processos específicos e identificáveis, tais como o desenvolvimento de produtos e a tomada de decisão estratégica, e que não são vagas nem mesmo tautológicas. Dessa forma, muito embora as capacidades dinâmicas sejam idiossincráticas em seus detalhes, apresentam semelhanças significativas entre empresas (popularmente denominadas *melhores práticas*). Isso sugere que existe certo grau de homogeneidade nessas capacidades dinâmicas, diferentemente do que se assume.

Ezzamel e Reed (2008) forneceram uma visão geral sobre as perspectivas teóricas de governança no ambiente de gestão e de negócios. Os autores reviram, criticamente, as diversas conceituações presentes na literatura *mainstream* sobre governança e as contrastaram com a literatura relevante sobre governabilidade e as perspectivas institucionalistas. Em síntese, o artigo enfatiza a diversidade de concepções de governança assumidas por essas díspares teorias e argumenta que a multiplicidade de interpretações oferece reais possibilidades de uma maior compreensão acerca das complexidades contemporâneas de formas e de práticas inerentes da governança. Tais conclusões estão afinadas com o que foi discutido neste livro na alegoria "O barco e a tempestade", quando foi destacada a necessidade de mudanças internas para que as empresas possam se adaptar nos adaptarmos às céleres alterações observadas no mercado.

Pelo vértice da análise da **governança**, é possível elencar diversos estudos recentes em estratégia, com ênfase nos artigos "*Understanding Governance: Ten Years On*" (Rhodes, 2007) e "*The Epistemic Fault Line in Corporate Governance*" (Donaldson, 2012).

Enquanto Rhodes (2007) reavalia os entendimentos postulados acerca da governança, defendendo que a análise desta deve se concentrar em crenças, em práticas, em tradições e em dilemas e destacando os conceitos de redes de política e de governança, o esvaziamento do Estado e uma perspectiva de política diferenciada, Donaldson (2012) clarifica as premissas normativas dos modelos de governança.

Pela ótica dos processos estratégicos, merecem o devido reconhecimento os trabalhos "*Process Thinking in Strategic Organization*" (Langley, 2007) e "*Insights and New Directions from Demand-Side Approaches to Technology Innovation, Entrepreneurship, and Strategic Management Research*" (Priem; Li; Carr, 2012).

Para Langley (2007), é necessário formular um processo claro de pensamento na pesquisa em organização estratégica, tendo em conta que isso já foi tratado por outros autores – Pettigrew (1992); Van de Ven (1992) e Meyer, Gaba e Colwell (2005) –, mas, quando se olha para a maioria dos trabalhos empíricos publicados nas principais revistas de estratégia, parece que existe certa carga de repetição nesses estudos.

Priem, Li e Carr (2012) revisaram o rápido progresso e crescimento de literaturas em macrogestão de inovação tecnológica, empreendedorismo e gestão estratégica, que têm em comum o uso de uma perspectiva de investigação "do lado da demanda".

Esse tipo de enfoque aborda como a empresa se concentra em direção a mercados de produtos e consumidores, para explicar e prever essas decisões gerenciais que aumentam a criação de valor dentro de um sistema de valores.

Na esfera das práticas organizacionais, destacam-se *"Strategizing: the Challenges of a Practice Perspective"* (Jarzabkowski; Balogun; Seidl, 2007) e *"Shaping Strategy as a Structuration Process"* (Jarzabkowski, 2008).

Jarzabkowski, Balogun e Seidl (2007) acreditam que, muito embora a agenda de pesquisas em estratégia como prática tenha ganho um impulso considerável ao longo dos cinco anos anteriores à sua publicação (2002-2007), muitos desafios ainda permanecem, em um campo robusto de pesquisa. Eles dividem a análise com base em um quadro conceitual que abrange as perspectivas conceitual, prática e profissional. O mesmo Jarzabkowski (2008), em estudo que realizou sozinho, analisou também o comportamento dos gestores de topo em estratégia, notando como eles moldam o contexto estrutural ou as interpretações dos membros da organização. Assim, por meio de uma pesquisa qualitativa, que considerou uma série de tempo de sete anos e abordou gestores de topo em três universidades, foi possível observar um certo padrão sequencial de formação de estratégia, em primeiro lugar, na ação e, em seguida, no campo institucional, bem como um padrão simultâneo de formação de estratégia em ambos os campos (ação e institucional) de uma vez. Ambos os padrões são bem-sucedidos em contextos de estratégia fracamente institucionalizados, enquanto o padrão simultâneo é mais bem-sucedido em contextos de estratégia fortemente institucionalizados.

No Brasil, autores como Rodrigo Bandeira-de-Mello* e Sérgio Lazzarini** desenvolvem sólidos trabalhos na área de estratégia e se consolidam como expoentes na literatura internacional e brasileira. Em suma, esses autores têm pesquisado temas como: a mensuração de efeitos competitivos envolvendo empresas ligadas ao governo; a influência do governo como acionista na internacionalização de empresas na América Latina; a formulação de estratégias políticas das empresas no Brasil; os mecanismos e as formas de atuação em campanhas eleitorais; o capitalismo de Estado e seus efeitos em termos de desempenho.

Os sólidos estudos conduzidos por esses dois pesquisadores (existem vários outros no Brasil, mas aqui utilizamos somente esses exemplos para fins de simplificação) demonstram que o tema **estratégia** é muito amplo, o que propicia o surgimento de novas abordagens acerca dessa matéria. Esses autores tencionam analisar, essencialmente, as implicações da estratégia, existente no Brasil e na América Latina, de associação de

---

* Citamos os seguintes estudos recentes do autor (sendo alguns em coautoria): Silva; Caldeira; Bandeira-de-Mello (2014); Xavier; Bandeira-de-Mello; Marcon, (2014); Bandeira-de-Mello et al. (2014, 2015); Kallas et al. (2015). Todos foram publicados em periódicos brasileiros e de outros países importantes.

** Os últimos artigos publicados pelo autor foram: Cabral; Lazzarini, Azevedo (2011); Lazzarini; Brito; Chaddad (2013); Martins; Bortoluzzo; Lazzarini (2014); Thamer; Lazzarini (2015); Lazzarini, (2015); Musacchio; Lazzarini; Aguilera (2015). Insta ressaltar que algumas pesquisas publicadas foram em coautoria e estão presentes em revistas de alto impacto no meio acadêmico nacional e internacional.

empresas com o governo (seja via empréstimos e financiamentos de bancos estatais, principalmente de desenvolvimento, seja por meio de participações do Estado como acionista minoritário em empresas). Além disso, visam examinar se manter membros no conselho de administração provenientes da Administração Pública melhora ou não o desempenho financeiro da empresa, uma vez que há um ambiente externo muito incerto e tal composição do conselho poderia mitigar incertezas, dado que esses membros poderiam contar com informações privilegiadas e jogo de influência.

Formar ou não grupos empresariais? Fortalecer as relações com *stakeholders* (fornecedores, consumidores, funcionários, acionistas, governo e comunidade)? Maximizar a geração de valor aos acionistas? Focalizar as capacidades dinâmicas e aprimorar a constituição de ativos intangíveis? Fazer evoluir as práticas de governança? Estreitar os laços com o governo e obter vantagens desse bom relacionamento? São várias estratégias que uma empresa pode exercer e os pesquisadores podem investigar, uma vez que a amplitude dessa matéria é realmente vasta.

Isso reforça a relevância e a importância da estratégia para as empresas e evidencia como existem diversas facetas dessa realidade nas organizações. Uma estratégia adotada de forma errada pode afetar a competitividade de qualquer empresa e, por conseguinte, interferir negativamente nos resultados financeiros, operacionais e de gestão, enquanto a concepção e a implementação adequadas de uma estratégia podem gerar efeitos contrários. Ademais, a não adoção de uma estratégia pode significar também a perda de uma oportunidade única de uma empresa ocupar essa lacuna de mercado e fazer desse *gap* uma excelente possibilidade de maximizar lucros, melhorar sua reputação ou trazer maior grau de eficiência e eficácia para as ações dos gestores que fazem parte dela.

Vejamos três exemplos que ilustram bem as situações descritas:

1. A **Kodak** (Eastman Kodak Company), que até a década de 1990 se mostrava como uma espécie de símbolo de sucesso do capitalismo americano (por mais de 100 anos), sendo líder global no mercado de produtos e de tecnologias de fotografias, não adotou nenhuma estratégia para se adaptar à nova realidade de inovações no segmento de fotografias e viu seu principal produto (o filme fotográfico) entrar em derrocada, dando espaço às câmeras digitais (que, atualmente, já enfrentam a concorrência do mercado de *smartphones*), situação provocada pela paralisia e pela falta de novas estratégias para se adaptar internamente ao cenário externo. Houve resultados catastróficos, queda nos lucros e demissões, até que, após um tempo considerável, a empresa resolveu voltar seus esforços para a produção de câmeras digitais (uma estratégia que a fez assumir, temporariamente, a liderança nos Estados Unidos e a terceira posição internacional) e para o mercado de impressão digital (uma estratégia para produzir impressoras eficientes e de baixo custo)[*]. Em linhas gerais, nota-se que a não adoção

---

[*] Vale registrar que, em janeiro de 2015, a Eastman Kodak Company entrou com pedido de concordata nos Estados Unidos.

de estratégias no tempo correto afetou abruptamente o desempenho da Kodak e quase custou sua existência.

2. A **IBM** adotou estratégias erradas e se perdeu no mercado de computadores pessoais. No ano de 1991, a empresa lançou o primeiro computador pessoal e se tornou a maior referência dessa indústria que estava surgindo. No entanto, no afã de lançar seu produto, incorreu em duas estratégias equivocadas: subcontratar o desenvolvimento do sistema operacional (que uma pequena empresa passou a produzir e ofertar para ela: a Microsoft) e a fabricação de microprocessadores (a cargo da Intel), quebrando a tradição da companhia de elevado grau de verticalidade, ou seja, ela mesma produzia quase todos os componentes. Assim, a IBM perdeu a capacidade de produzir esses dois componentes, enquanto a Microsoft e a Intel se tornaram líderes mundiais nos respectivos setores. Restou à IBM, em meio a uma crise que eclodiu em 2004, vender a divisão de computadores pessoais para a Lenovo, ou seja, sair do mercado que ela própria tinha criado.

3. Em lado oposto, a **Apple**, fundada por Steve Jobs e Steve Wozniak em 1976, apostou em produtos inovadores, no *design* arrojado, na funcionalidade e na simplicidade (haja vista o botão central do iPod, uma criação ergonômica genial e tão simples para manusear com o polegar). Apesar dos fracassos e das dificuldades ao longo do percurso (Apple III, Apple Lisa, Apple Newton, Quicktake e Pippin, por exemplo), prevaleceu a tônica defendida por Steve Jobs de que a Apple não cria produtos para o mercado, mas

inventa o mercado*, isto é, a empresa apostou na estratégia de criar novas necessidades para os consumidores e hoje é líder mundial nos segmentos em que atua, tornando-se a empresa de maior valor de mercado do mundo. Obteve êxito com diversos produtos (iPod, iPhone e iPad) e, com essa estratégia de inovação e *design*, conquistou consumidores em todos os continentes.

Para que o leitor possa se aprofundar mais no assunto, sugerimos a leitura dos autores anteriormente citados, pois temos a certeza de que a leitura é a melhor estratégia para se conhecer algo, ainda mais se esse algo for a própria estratégia. Como dizia o filósofo e ensaísta inglês Joseph Addison, citado por Costa (2012, p. 19): "A leitura é para o intelecto o que o exercício é para o corpo".

Estudo de caso

Do DVD ao online streaming: a origem e o momento atual do Netflix

[...]

O Netflix em uma perspectiva histórica

A empresa foi criada em 1997 por Marc Randolph e Reed Hastings, tendo como sede a cidade de Los Gatos, na Califórnia, Estados Unidos (NETFLIX MEDIA CENTER, 2014). De acordo com Ojer e Capapé (2013), o Netflix vendia e alugava

---

* Jobs aduzia que "As pessoas não sabem o que querem até você mostrar a elas" (Kahney, 2008, p. 106).

Digital Versatile Discs (DVDs) pela internet. O pequeno tamanho e peso dos DVDs possibilitou o envio de filmes através do correio americano, algo que até então não ocorria: a forma mais popular de assistir a vídeos em casa dependia de fitas de videocassete – mais pesadas, impossibilitando o envio pelo correio.

O desenvolvimento e o crescimento da empresa foram lentos, pois na época o DVD ainda era novidade e a empresa competia com locadoras locais já estabelecidas e com gigantes do mercado americano, como a *Blockbuster* (DIAS, 2006).

Uma novidade implementada pelo Netflix foi a criação, em 1999, de um sistema que possibilitava aos usuários alugar DVDs por mês, não por unidade, sem limites de datas ou multas em caso de atraso. Além disso, acordos e parcerias firmadas com empresas como a *Warner Brothers e a Columbia Film Studios* permitiu o aumento do catálogo de filmes, seriados e documentários oferecidos, o que foi essencial para atrair um número maior de assinantes. Por consequência, houve uma expansão da empresa. A facilidade de firmar tais acordos na época acontecia com base na imagem do Netflix como pequena empresa, que não ameaçava os grandes estúdios pois tinha um menor alcance nacional; assim, a venda dos direitos era uma fonte de renda extra para os estúdios e um meio de difundir o conteúdo audiovisual (OJER; CAPAPÉ, 2013).

O *online streaming* do Netflix foi lançado em 2007, permitindo a visualização de seriados e filmes pelo computador pessoal. Tinha como vantagem a diminuição da dependência dos DVDs, dos depósitos e do serviço dos correios dos Estados Unidos (OJER; CAPAPÉ, 2013). A visão de mercado dos executivos do Netflix, que compreenderam o quanto a tecnologia mudaria a maneira de consumir conteúdo e a forma como ele chegaria até o consumidor, foi importante para o crescimento da empresa.

A oferta *online* de conteúdo audiovisual possibilitou que filmes de estúdios independentes ganhassem uma distribuição mais abrangente, podendo alcançar mais rápido um público maior do que antes, e de forma mais barata. Conforme já dito, o *online streaming* revolucionou a maneira como o conteúdo chegava aos lares dos clientes, e o serviço *on demand* libertou o consumidor das grades de programação.

O Netflix parece ser uma empresa que procura enxergar novos caminhos para crescer. Foi na produção de conteúdo próprio que o site enxergou uma nova maneira de, além de expandir o seu número de assinantes, também gerar lealdade entre sua marca e os consumidores (BLOCK, 2012).

A produção de séries, filmes e documentários originais permitiu ao Netflix estabelecer-se como um produtor de conteúdo audiovisual, superando sua fase de mero reprodutor, evitando ser substituído por algum concorrente que oferecesse um serviço de *online streaming* mais barato, por exemplo. Além disso, o Netflix se permite ousar na criação de suas produções, assim distinguindo-se da concorrência.

Para Rosenbaum (2013), do site Forbes, a decisão do Netflix de realizar produções originais foi corajosa e arriscada; apresentava grandes chances de falhar, tendo em vista a dificuldade de criar produtos de qualidade e de sucesso. A HBO, por exemplo, ao longo dos anos, encontrou dificuldades para emplacar algumas produções. O risco do novo empreendimento do Netflix, caso tivesse falhado, seria prejudicial às finanças da empresa.

O Netflix desenvolveu séries como *LilyHammer*, *Hemlock Grove*, *Turbo FAST*, *Arrested Development*, dentre outras. Porém, o maior reconhecimento relacionado às produções próprias do Netflix vem das duas principais atrações do site: *House Of Cards* e *Orange Is The New Black*, que abordam conteúdos poucos explorados pela mídia em geral. Ambas fazem sucesso com a crítica – são indicadas e contempladas em diversas premiações – e também com o público.

Depois de criar uma base sólida de clientes no mercado norte-americano, o Netflix começou a busca por expansão em outros países, começando pelo Canadá e partindo depois para países da América Latina e da Europa, conforme já mencionado. O serviço tem, mundialmente, mais de 48 milhões de assinantes do seu serviço de *online streaming* (NETFLIX MEDIA CENTER, 2014).

Quando lançou o serviço no Brasil, em 2009, o Netflix tinha a meta de alcançar um milhão de clientes. Porém, sua chegada ao país apresentou dificuldades maiores do que as previstas pela empresa, relacionadas à baixa qualidade da internet e ao número reduzido de usuários desse tipo de serviço: seus concorrentes – TerraTv e NetMovies – não eram serviços populares (FELITTI, 2011).

O crescimento do Netflix no Brasil foi tímido, inicialmente, mas a ampliação do uso da internet e o aumento no número de aparelhos eletrônicos como *smartphones* e *tablets* possibilitou o aumento do número de clientes da empresa americana. Segundo o G1 (2014), o Brasil terminou o primeiro trimestre de 2014 com 145 milhões de acessos à internet banda larga. E também segundo o G1 (2014), o Netflix obteve lucro de 53 milhões de dólares no primeiro trimestre de 2014, sendo este número impulsionado pelo aumento em 2,25 milhões de clientes.

As estratégias de produção e veiculação do Netflix e as dos meios tradicionais

O Netflix se difere em relação a meios tradicionais, sejam eles canais americanos, brasileiros, pagos ou abertos, de forma especial, porque oferece uma maior autonomia aos produtores das séries originais da empresa do que aquela proporcionada a produções de canais abertos. Esse é um fator atraente para diretores e atores que buscam, na TV, fazer produções diferenciadas. Nesse sentido, o Netflix imita uma de suas concorrentes: a HBO. Esse canal americano pago foi um dos precursores na demonstração de que a TV podia exibir produções audiovisuais da mais alta qualidade, desde que permitisse liberdade de criação para as equipes e tornasse os produtos ousados, originais e criativos. Foi assim que a HBO atraiu grandes nomes do cinema para a TV (CHMIELEWSKI, 2013). O Netflix encomendou sua primeira produção original – *House of Cards* –, através de um acordo firmado com seu criador, David Fincher. Além da liberdade de criação oferecida pela empresa, outra questão determinante foi a encomenda de duas temporadas de uma só vez, algo incomum, pois tradicionalmente os seriados americanos costumam ganhar uma temporada completa somente após a produção de um episódio piloto, algo que não ocorreu no caso da série *House of Cards* (CHMIELEWSKI, 2013).

Apesar de haver garantia de liberdade aos diretores e roteiristas, há certa participação do Netflix no desenvolvimento de séries originais, traduzida no que Rose (2014) chama de "ambiente de apoio"; os diretores e escritores dos seriados são contratados com base na política da empresa – de liberdade e responsabilidade (ROSE, 2014).

A qualidade das produções e a apresentação de diferentes abordagens parecem ser preocupações do Netflix no que diz respeito a produções próprias. A empresa avalia suas séries diferentemente dos canais de TV, pois, como o site oferece os produtos *on demand* através do *online streaming*, ele não exige que a série dê retorno no horário específico no qual ela foi exibida. Para o Netflix, não é relevante quando o produto é assistido e, por isso, não divulga os números de audiência em nenhum momento, contrariando assim os tradicionais rankings de qual produto foi mais bem sucedido junto ao público em determinado horário (BLOCK, 2012).

[...]

Fonte: Stürmer; Silva, 2015, p. 2-5.

De posse dos dados noticiados e reproduzidos, associe as perguntas a seguir com as variáveis do modelo RMM e descreva:

1. Quais foram as principais oportunidades observadas no ambiente externo pela empresa Netflix?

2. Quais foram as principais ameaças detectadas no ambiente externo?

3. Quais foram as estratégias inicialmente utilizadas pela Netflix?

4. Quais estratégias posteriores foram incorporadas pela companhia?

5. No mundo corporativo, proliferou a ideia de que as atividades-meio podem ser terceirizadas, não afetando a atividade-fim das empresas. Se esse entendimento fosse seguido à risca pela Netflix, ela teria chegado aonde chegou?

6. Quais são os principais diferenciais da Netflix em relação aos seus concorrentes?

7. Por meio desse estudo de caso, é possível afirmar que a melhor estratégia é aquela que todos aprovam em reuniões entre gestores? Ou em alguns momentos a melhor estratégia é romper com os dogmas e táticas até então utilizados?

8. Qual é a principal lição que você tira desse caso de sucesso empresarial?

Para concluir...

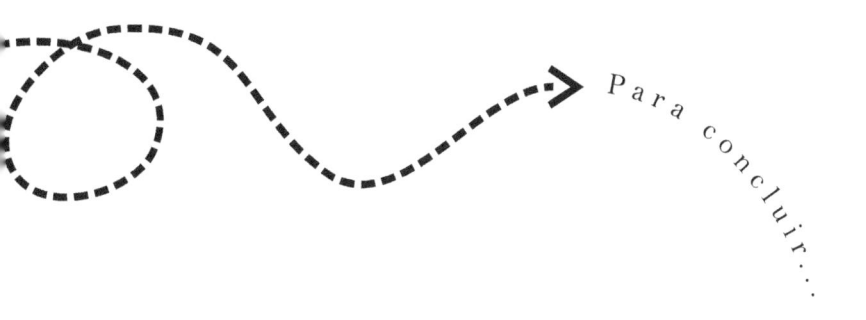

> *Toda organização opera sobre uma teoria do negócio, isto é, um conjunto de hipóteses a respeito de qual é o seu negócio, quais os seus objetivos, como ela define resultados, quem são seus clientes e a que eles dão valor e pelo que pagam. A estratégia converte essa teoria em desempenho. Sua finalidade é capacitar a organização a atingir os resultados desejados em um ambiente imprevisível, pois a estratégia lhe permite ser* **intencionalmente oportunista.**
>
> Peter Drucker*

A Guerra de Troia foi um conflito entre gregos e troianos (que habitavam a atual Turquia) motivado pelo rapto da grega Helena. Enfurecido, seu marido organizou um exército para invadir e destruir Troia. A estratégia dos gregos, após anos de batalha, foi presentear os troianos com um grande cavalo de madeira como símbolo de paz e deixar transparecer aos inimigos que estariam desistindo da guerra.

Os troianos aceitaram o presente e o deixaram ser conduzido para dentro de seus muros protetores. Após uma noite de muita

---

* Drucker (2001, grifo do original).

comemoração, foram dormir exaustos. De dentro do cavalo saíram centenas de soldados gregos, que, então, abriram as portas da cidade para que os outros gregos entrassem e atacassem o local.

Essa breve passagem sobre a história da Guerra de Troia serve muito bem para ilustrar a importância da estratégia, afinal, se ela for bem delineada e cumprida, pode levar ao sucesso um plano traçado e, caso contrário, pode levar ao fracasso todo um planejamento. Por trás dos erros da Kodak e do sucesso da Apple, há um menu de estratégias bem-sucedidas ou não.

Foi por isso que, desde a graduação, sentimo-nos atraídos e tornamo-nos aficionados por um assunto: estratégia. Quando estudamos Ansoff e compreendemos a importância das questões por ele tratadas, tornamo-nos estudiosos contumazes dessa matéria. Aprofundando-nos pela literatura, deparamo-nos com a história de figuras da estatura de Sun Tzu, Myiamoto, Alexandre, Napoleão e Churchill e outros, como Clausevitz e Giap.

Percebemos, a partir de então, que a abordagem sobre planejamento e estratégia fizera uma clara transposição da dimensão militar para as organizações. As obras de Ackoff, Henderson, Vancil, Kepner-Tregoe e Lorange foram determinantes e rumaram nessa direção.

Com sua difusão nas décadas de 1960 a 1980, o planejamento estratégico tornou-se uma expressão caseira, popularizou jargões, originou sociedades do mesmo nome, instituiu um rito e uma metodologia de trabalho nas convenções anuais das grandes organizações. Nos países avançados, empresas então líderes de mercado notabilizaram esse modo de pensar o negócio.

Contemporaneamente, o tema da estratégia atraiu vários pensadores e vem sendo tratada como uma das mais ricas áreas a serem revisitadas. No ano de 2015, comemoramos o 50º aniversário de publicação de *Planejamento estratégico*, de Igor Ansoff, obra que marcou o início de uma nova visão empresarial.

A popularização do termo *estratégia*, entretanto, tem gerado alguns efeitos colaterais. Um deles é a confusão ou a má interpretação das figuras do planejador e do estrategista, as quais o senso comum considera como pessoas perigosas, ardilosas, que sempre querem levar vantagem e que não hesitarão em prejudicar aqueles que se contraponham aos seus interesses mesquinhos.

Enquanto o planejador executa tarefas voltadas ao processo (analítico e empírico), o estrategista volta-se ao desenvolvimento e à formulação de estratégias, dando pouca atenção às questões de cunho prático que um planejador realiza corriqueiramente. Em síntese, este não faz estratégia, tanto quanto um chefe de protocolo não faz diplomacia e um coroinha não reza missa (Lodi, 1995). Ademais, a elaboração do planejamento estratégico não é uma atividade simples e exige muitas correções e adaptações.

Voltando às nossas memórias, colecionamos velhos planos estratégicos que só vieram a confirmar que a maioria dos nossos *insights* não correspondeu à realidade. Valeram, entretanto, as avaliações de oportunidades e ameaças, as definições de forças e fraquezas e os cenários analisados. Muito papel e borracha ainda foram gastos. O corpo estava bem, mas faltava a alma e nem sempre a dedicação ao tema resultou em sucesso.

Sob esse vértice de análise, o texto de Lodi continua atual:

> *Vimos alguns dos mais exemplares [planejamentos estratégicos] desaparecerem do cenário. Teriam as pessoas pensado que o mero ritual do PE [planejamento estratégico] garantia a reflexão estratégica, a visão nova da realidade, a intuição genuína?*
>
> *As estratégias mais exitosas foram visões, intuições, oráculos, "insights", revelações, alguma coisa entre a coleção de fragmentos de novas evidências e o estado crepuscular do inconsciente. O estrategista/empreendedor é uma espécie de xamã, que cria por processos inconscientes, confusos e informais a partir de zonas cinzas, incertezas, raciocínios em círculo, informações fragmentárias de clientes e concorrentes, frequentemente usando pedaços de conversa, boatos, a escória do dia a dia, soldando tudo isso numa colagem como faz um mecânico de fundo de quintal.*
>
> *Esse é o miolo mais rico do PE. O seu contorno é formado por cenários do ambiente, documentação sobre o estado da arte em seu ramo, avaliações de pontos fortes e fracos, fatores competitivos, análise do "driving force" e muita informação sobre o cliente e a concorrência. A ideia genuína passa às vezes disfarçada ou irreconhecida sob essa ramagem de informações.* (Lodi, 2005)

Grandes empresas criaram o ritual dos protocolos perfeitos e formaram toda uma geração de profissionais voltados à formalidade dos processos. Escrever um plano era apenas um exercício de proporcionar hierarquia ao roteiro e cultuar análises requintadas. Com isso, desenvolveram uma incapacidade colossal de captar oportunidades. Então, para passar pelos canais burocráticos, usam o epíteto politicamente correto. Fazem *lobby* de seu projeto e, por meio dessa trapaça, com risco próprio, operam na franja da delinquência de um sistema congelado e congelante.

É necessário deixar o tático e o operacional. É imperioso reconhecer a ausência de tempo para a tomada de decisão. É preciso estar aberto para o novo e "pensar fora da caixa". A paralisia no processo de identificação de uma oportunidade pode fazer com que a oportunidade passe a não existir mais, e esse *delay* na análise é atroz, paralisa, atrasa, causa impotência e pode custar a continuidade de uma empresa. A demora é letal. Manter-se preso a dogmas antigos e a estratégias que fizeram sucesso no passado, sem reciclá-las e reinventá-las, torna o planejamento estratégico moribundo.

Fazendo um recorte das principais características dos estrategistas, podemos destacar algumas:

a. A orientação para resultados, pois são obstinados por vencer desafios e alcançar objetivos;

b. A sede por formular estados futuros imaginados e persegui-los, dado que essa visão de longo prazo e a capacidade de enxergar oportunidades onde pessoas comuns não veem são fundamentais para sua profissão;

c. O poder de análise holístico e periférico, primordial para manter-se alinhado com o ambiente externo e monitorar as variáveis que afetam o negócio, observando a influência dos *stakeholders* (em especial do governo, dos concorrentes, dos consumidores e dos fornecedores) e dos *shareholders* (detentores de capital que financiam os investimentos da firma, ou seja, os acionistas) no processo de tomada de decisão, antecipando tendências futuras e adaptando a empresa a essa realidade;

d. A busca pela inovação e a adoção das novas tecnologias, mantendo as marcas da flexibilidade e da criatividade, afinal, no meio corporativo, somente a mudança é permanente (a exemplo da comparação com a teoria darwinista: ou a empresa se adapta ao cenário e sobrevive, ou não se adapta e é extinta). O novo (e criativo), que rompe com aquilo que foi até então estabelecido, poderá garantir a sobrevivência e a sustentabilidade no longo prazo.

Neste livro, percorremos, estrategicamente, uma longa seara. Transitamos de Maquiavel a Van Gogh, de empresas pequenas e médias a grandes organizações, de variáveis micro a macroambientais, de matrizes simples a mais complexas, dos casos Arturo's, Netflix e da Mocidade Independente de Padre Miguel ao sistema de franquias 5àsec. Passeamos pelas principais teorias da gestão – por meio de uma narrativa cronológica dessa evolução teórica – e da estratégia, com a apresentação das matrizes que serviram de fundamentação para uma análise externa e interna. A fim de tornarmos a linguagem acessível, adotamos constructos de metodologia claros, simples e objetivos e buscamos tornar a aplicabilidade do método sugerido de fácil entendimento.

O píncaro dessa vereda, temos certeza, foi a proposição do modelo RMM, uma tentativa de inovar no processo de planejamento e gestão estratégica, condensando e coordenando esforços teóricos, metodológicos e empíricos antigos em uma nova abordagem, a fim de mitigar a visão antiquada de estratégia, geralmente assumida nas empresas. Um modelo dessa alçada e magnitude, temos convicção, pode simplificar o processo de formulação estratégica das empresas, trazer eficiência na adoção de ações que vão ao encontro da análise ambiental (externa e interna) realizada e reduzir o tempo perdido ao longo dos "labirintos de um plano cartesiano" que virou a estratégia nos últimos anos (uma tentativa de localizar pontos num espaço, esquecendo-se da variável *tempo*, tão discutida pelo trabalho seminal de Ansoff).

O estrategista agora percebe que, com a aceleração do tempo, a rapidez na correção do rumo é primordial. O tempo é o senhor da razão. Agora é crucial ter rumo e prumo, ou seja, equilíbrio dinâmico e flexibilidade. O tempo assume diferentes significados conforme a cultura, o momento histórico ou a percepção de cada um, sendo hoje visto como um tempo de velocidade e aceleração (Lash; Urry, 1994; Adam, 1996; Virilio, 1996; Jameson, 1997). Como bem apregoa Tonelli (2003, p. 35), "Medido atualmente em nanossegundos, o tempo parece voar e, quanto mais o controlamos, mais ele nos escapa". Por isso, na sociedade contemporânea, pautada pelo sentido do intenso e constante fluxo de informações, saber utilizar a variável *tempo* a seu favor é o passo principal a ser dado por aqueles que trabalham com estratégia*.

Como destacamos, com o modelo RMM, é possível listar as principais variáveis externas e internas de uma empresa e, por eliminação, chegar às principais ameaças, oportunidades, forças e fraquezas, analisar os aspectos micro e macroambientais, delinear um cenário otimista e pessimista, formular as estratégias que deverão ser conduzidas no plano financeiro, de recursos humanos, de *marketing* ou de produção e aprimorar o alinhamento entre a identidade organizacional e as ações conduzidas pelas empresas, visando atingir seus objetivos estratégicos.

Por fim, deixamos aqui um último conselho: seja inovador e original, dado que a estratégia formulada no passado pode ter sido suficiente para resolver um problema presente, enquanto os problemas do futuro só deverão ser resolvidos com estratégias atuais que, muitas vezes, representam um rompimento com as estratégias até então em voga. A maior prova disso é que o sucesso do passado e até mesmo o do presente não garantem o êxito futuro. Empresas faliram, mercados se extinguiram, estratégias perderam o prazo de validade... Enfim, como diz Caetano Veloso na canção "Fora de ordem", "é ainda construção e já é ruína [...]" (Veloso, 1991). A proposição de estratégias é um processo contínuo, não existindo um fim em si mesmo. No meio empresarial não há outra saída, só a mudança é permanente.

---

* Como já preconizava Karl Marx (1975, p. 115, tradução nossa), "Economia de tempo, a isso toda a economia em última instância se reduz".

Desejamos a você, leitor, que siga adiante. Mãos à obra! Avante! Bom trabalho! Esperamos ter contribuído com seus estudos sobre planejamento, gestão e estratégia, temáticas tão instigantes para acadêmicos, empresários, diretores, gestores, professores e estudantes universitários.

Referências

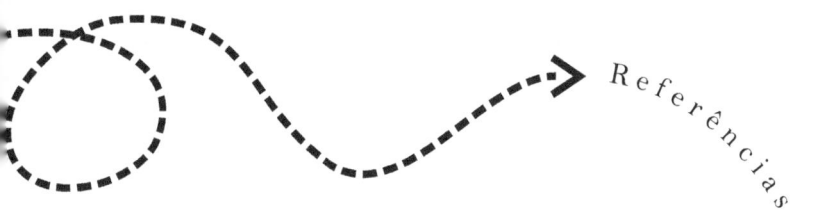

ACKOFF, R. L. **Concept of Corporate Planning**. New York: Wiley-Interscience, 1969.

____. **Las fabulas antiburocraticas de Ackoff**: reflexiones irreverentes. Barcelona: Ediciones Granica, 1993.

____. **Planejamento empresarial**. Rio de Janeiro: Livros Técnicos e Científicos, 1974.

ACKOFF, R. L.; ROVIN, S. **Beating the System**: Using Creativity to Outsmart Bureaucracies. San Francisco: Berrett-Koehler, 2005.

ADAM, B. Re-vision: the Centrality of Time for an Ecological Social Science Perspective. In: LASH, S.; SZERSZYNSKI, B.; WYNNE, B. (Ed.). **Risk, Environment, and Modernity**: Towards a New Ecology. London: Sage Publications, 1996.

ALARCÃO, I. **Projecto pedagógico no enquadramento da formação em serviço**. Estudo. Aveiro: Universidade de Aveiro, 1989.

ALLISON, M.; KAYE, J. **Strategic Planning for Nonprofit Organizations**: a Practical Guide and Workbook. 2. ed. Hoboken: John Wiley & Sons, 2003.

ANSOFF, H. I. **Corporate Strategy**: an Analytic Approach to Business Policy for Growth and Expansion. New York: McGraw-Hill, 1965.

_____. **Estratégia empresarial**. São Paulo: McGraw-Hill, 1977.

_____. **Strategic Management**. Basingstoke: Palgrave Macmillan, 2007.

ANSOFF, H. I.; DECLERCK, R. P. **Do planejamento estratégico à administração estratégica**. São Paulo: Atlas, 1981.

ARBACHE, F. **O que é a logística**: artigo 6 – Gestão da inovação: função da logística, do *marketing* e da estratégia empresarial. 28 jun. 2012. Disponível em: <http://www.arbache.com/blog/2012/06/o-que-%C3%A9-a-log%C3%ADstica-artigo-6-%E2%80%93-gest%C3%A3o-da-inova%C3%A7%C3%A3o-fun%C3%A7%C3%A3o-da-log%C3%ADstica-do-marketing-e-da-estrat%C3%A9gia-empresarial.html>. Acesso em: 4 abr. 2017.

ARISTÓTELES. **Tópicos. Dos argumentos sofísticos. Metafísica. Ética a Nicômaco. Poética**. São Paulo: Abril Cultural, 1973. (Coleção Os Pensadores).

AUPPERLE, K. E.; CARROLL, A. B.; HATFIELD, J. D. An Empirical Examination of the Relationship Between Corporate Social Responsibility and Profitability. **Academy of Management Journal**, [Briarcliff Manor], v. 28, n. 2, p. 446-463, June 1985.

BANDEIRA-DE-MELLO, R. et al. Conexões políticas em estruturas de propriedade: o governo como acionista em uma análise descritiva. **RAM: Revista de Administração Mackenzie**, São Paulo, v. 15, n. 1, p. 98-124, jan./fev. 2014. Disponível em: <http://www.scielo.br/scielo.php?script=sci_arttext&pid=S1678-69712014000100005>. Acesso em: 4 abr. 2017.

BANDEIRA-DE-MELLO, R. et al. What do State-Owned Development Banks do? Evidence from BNDES, 2002-09. **World Development**, [Philadelphia], v. 66, p. 237-253, Feb. 2015.

BARBALHO, C. R. S.; BERAQUET, V. S. M. **Planejamento estratégico para unidades de informação**. São Paulo: Pólis, 1995.

BARKSDALE, S.; LUND, T. **10 Steps to Successful**: Strategic Planning. Alexandria: ASTD, 2006. (ASTD 10 Steps Series).

BARNEY, J. Firm Resources and Sustained Competitive Advantage. **Journal of Management**, [Briarcliff Manor], v. 17, n. 1, p. 99-120, Mar. 1991.

_____. Resource-based Theories of Competitive Advantage: a Ten Year Retrospective on the Resource-based View. **Journal of Management**, [Briarcliff Manor], v. 27, n. 6, p. 643-650, Dec. 2001.

BARNEY, J.; HESTERLY, W. S. **Strategic Management and Competitive Advantage**. 4. ed. Madison: Prentice Hall, 2011.

BARROS, T. A beleza salvará o mundo? O capitalismo artista e as descrições de um mundo estético. **Resenhas Online**, [São Paulo], ano 14, n. 165.03, set. 2015.

BASIL, D.; COOK, C. **O empresário diante das transformações sociais**. São Paulo: McGraw-Hill, 1978.

BENNIS, W. G. **An Invented Life**: Reflections on Leadership and Change. New York: Basic Books, 1994.

_____. **Beyond Bureaucracy**. New York: John Wiley and Sons, 1993.

_____. **Organizações em mudanças**. São Paulo: Atlas, 1976.

BENNIS, W. G.; SCHEIN, E. H.; McGREGOR, C. (E.d). **Leadership and Motivation**: Essays of Douglas McGregor. Cambridge, USA: MIT Press, 1966.

BERTALANFFY, K. L. von. An Outline of General System Theory. **The British Journal for Philosophy of Science**, [Oxford], v. 1, n. 1, p. 134-165, 1950a.

_____. **General System Theory**: Foundations, Development, Applications. New York: George Braziller, 1968.

_____. The Theory of Open Systems in Physics and Biology. **Science**, [Washington], v. 111, n. 2872, p. 23-29, 13 Jan. 1950b.

BESANKO, D. et al. **A economia da estratégia**. 3. ed. Porto Alegre: Bookman, 2006.

BETHLEM, A. de S. **Estratégica empresarial**: conceitos, processo e administração estratégica. 2. ed. São Paulo: Atlas, 1999.

BEZERRA, J. C. **Simplesmente just-in-time**. São Paulo: Iman, 1990.

BIO, S. R. **Sistemas de informação**: um enfoque gerencial. São Paulo: Atlas, 1993.

BRADFORD, R. W.; DUNCAN, J. P.; TARCY, B. **Simplified Strategic Planning**: the No-Nonsense Guide for Busy People Who Want Results Fast!. Worcester: Chandler House Press, 2000.

BRANDENBURGER, A. M.; STUART JR., H. W. 1996. Value-based Business Strategy. **Journal of Economics & Management Strategy**, [New Jersey], v. 5, n. 1, p. 5-24, Mar. 1996.

BRYSON, J. M. **Strategic Planning for Public and Nonprofit Organizations**: a Guide to Strengthening and Sustaining Organizational Achievement. 4. ed. San Francisco: Jossey-Bass, 2011.

BUCKLEY, W. **A sociologia e a moderna teoria dos sistemas**. Tradução de Octávio Mendes Cajado. São Paulo: Cultrix, 1971.

CABRAL. S.; LAZZARINI, S. G.; AZEVEDO, P. F. Private Entrepreneurs in Public Services: a Longitudinal Examination of

Outsourcing and Statization of Prisons. **Insper Working Paper**, WPE 242/2011, São Paulo, 14 Feb. 2011. Disponível em: <http://www.insper.edu.br/wp-content/uploads/2012/10/2011_wpe242.pdf>. Acesso em: 4 abr. 2017.

CALVINO, I. **Seis propostas para o próximo milênio**. Tradução de Ivo Barroso. São Paulo: Companhia das Letras, 2001.

CASTOR, B. V. J.; SUGA, N. Planejamento e ação planejada: o difícil binômio. **RAP: Revista de Administração Pública**, Rio de Janeiro, v. 22, n. 1, p. 102-122, jan./mar. 1988.

CAVALCANTI, M. (Org.). **Gestão estratégica de negócios**: evolução, cenário, diagnóstico e ação. São Paulo: Pioneira, 2001.

CHIAVENATO, I. **Introdução à teoria geral da administração**. 9. ed. São Paulo: Manole, 2014.

CLAUSEWITZ, C. V. **Da guerra**. 3. ed. São Paulo: M. Fontes, 2010.

COLLINS, J.; PORRAS, J. **Built to Last**: Successful Habits of Visionary Companies. New York: Harper Collins, 2004.

CONNORS, R.; SMITH, T. **Mude a cultura de sua empresa e vença o jogo!** Por que criar uma cultura organizacional com base em responsabilidades produz resultados excepcionais. Tradução Sabine Holler. Rio de Janeiro: Elsevier, 2011.

COSTA, M. C. **O contributo da biblioteca escolar na formação para a leitura e literacia**. 150 f. Dissertação (Mestrado em Educação e Bibliotecas) – Universidade Portucalense, Porto, 2012.

COULTER, M. **Strategic Management in Action**. 6. ed. Upper Saddle River: Prentice Hall, 2012.

DANNEELS, E. Trying to Become a Different Type of Company: Dynamic Capability at Smith Corona. **Strategic Management Journal**, [Chinchester], v. 32, n. 1, p. 1-31, Jan. 2011.

DAVENPORT, T. H. **Ecologia da informação**: por que só a tecnologia não basta para o sucesso na era da informação. Tradução Bernadette Siqueira Abrão. São Paulo: Futura, 1998.

DAVID, F. R.; DAVID, F. R. **Strategic Management**: a Competitive Advantage Approach, Concepts and Cases. 14. ed. Upper Saddle River: Prentice Hall, 2014.

DE MASI, D. **Criatividade e grupos criativos**. Rio de Janeiro: Sextante, 2003.

_____. **O futuro do trabalho**: fadiga e ócio na sociedade pós-industrial. Rio de Janeiro: J. Olympio, 1999.

DESS, G. G. et al. **Strategic Management**: Text and Cases. 7. ed. New York: McGraw-Hill Education, 2013.

DIERICKX, I.; COOL, K. Asset Stock Accumulation and Sustainability of Competitive Advantage. **Management Science**, [Catonsville], v. 35, n. 12, Dec. 1989.

DONALDSON, T. The Epistemic Fault Line in Corporate Governance. **Academy of Management Review**, [Briarcliff Manor], v. 37, n. 2, 1 Apr. 2012.

DOSI, G.; NELSON, R.; WINTER, S. (Org.). **The Nature and Dynamics of Organizational Capabilities**. New York: Oxford University Press, 2000.

DRUCKER, P. F. **Desafios gerenciais para o século XXI**. Tradução de Nivaldo Montigelli Junior. São Paulo: Pioneira, 2001.

_____. **The Practice of Management**. New York: Harper, 1954.

DUAILIBI, R.; SIMONSEN JR., H. **Criatividade e marketing**. São Paulo: McGraw-Hill, 1990.

DURAND, R.; VAARA, E. Causation, Counterfactuals, and Competitive Advantage. **Strategic Management Journal**, [Chinchester], v. 30, n. 12, p. 1245-1264, Dec. 2009.

EISENHARDT, M. K; MARTIN, J. A. Dynamic Capabilities: What are They? **Strategic Management Journal**, [Chinchester], v. 21, n. 10/11, p. 1105-1121, Nov. 2000.

EZZAMEL, M.; REED, M. Governance: a Code of Multiple Colours. **Human Relations**, London, v. 61, n. 5, May 2008.

FAYOL, H. **Administração industrial e geral**. 10. ed. São Paulo: Atlas, 1994.

____. L'exposé des principles généraux d'administration. In: PEAUCELLE, J.-L. (Org.). **Henri Fayol, inventeur des outils gestion**. Paris: Economica, 2003.

____.____. In: WREN, D. A.; BEDEIAN, A. G.; BREEZE, J. D. The Foundations of Henri Fayol's Administrative Theory. **Management Decision**, [Bingley], v. 40, n. 9, 2002, p. 906-918.

FERNANDES, K. S. **Logística**: fundamentos e processos. Curitiba: Iesde Brasil, 2012.

FOGG, D. **Team-Based Strategic Planning**: a Complete Guide to Structuring, Facilitating and Implementing the Process. [S.l.]: CreateSpace Independent Publishing Platform, 2010.

FURLAN, J. D. **Como elaborar e implementar o planejamento estratégico de sistemas de informação**. São Paulo: Makron; McGraw-Hill, 1991.

GAMBLE, J. **Essentials of Strategic Management**: the Quest for Competitive Advantage. 3. ed. New York: McGraw-Hill Education, 2012.

GHEMAWAT, P. Competition and Business Strategy in Historical Perspective. **Business History Review**, [Cambridge], v. 76, n. 1, p. 37-74, Spring 2002.

GIOCOLI, N. **Savage vs. Wald**: Was Bayesian Decision Theory the Only Available Alternative for Postwar Economics? Social Science Research Network, 22 jun. 2004. Disponível em: <http://

papers.ssrn.com/sol3/papers.cfm?abstract_id=910916>. Acesso em: 18 mar. 2016.

GOLSORKHI, D. et al. (Ed.). **Cambridge Handbook of Strategy as Practice**. Cambridge: Cambridge University Press, 2010.

GOODSTEIN, L. D.; NOLAN, T. M.; PFEIFFER, J. W. **Applied Strategic Planning**: an Introduction. 1. ed. New York: McGraw-Hill Education, 1993.

GOUNET, T. **Fordismo e toyotismo na civilização do automóvel**. São Paulo: Boitempo, 1999. (Coleção Mundo do Trabalho.)

GRAHAM, P. **Mary Parker Follett**: Prophet of Management – a Celebration of Writings from the 1920s. Washington: Beard Books, 2003.

GRAHAM, P. (Org.). **Mary Parker Follett**: profeta do gerenciamento. Rio de Janeiro: Qualitymark, 1997.

GRIFFIN, J. J.; MAHON, J. F. The Corporate Social Performance and Corporate Financial Performance Debate: Twenty-Five Years of Incomparable Research. **Business & Society**, v. 36, n. 1, p. 5-31, Mar. 1997.

HALL, R. H. **Organizaciones**: estructura y proceso. Madrid: Prentice Hall Internacional, 1973.

HAMEL, G.; PRAHALAD, C. K. **Competindo pelo futuro**: estratégias inovadoras para obter o controle do seu setor e criar os mercados de amanhã. 19. ed. Rio de Janeiro: Campus; Elsevier, 2005.

HAMMER, M.; CHAMPY, J. **Reengenharia**: revolucionando a empresa em função dos clientes, da concorrência e das grandes mudanças da gerência. Rio de Janeiro: Campus, 1994.

HAMPTON, D. R. **Contemporary Management**. New York: McGraw-Hill, 1977.

HANDY, C. **The Age of Unreason**. Boston: Harvard Business School Press, 1989.

HARVARD BUSINESS REVIEW. **Renovação da estratégia**. Tradução de G. T. Yamagami. Rio de Janeiro: Campus; Elsevier, 2009. (Série HBR Compacta.)

HAYES R. H. Strategic planning: Forward in Reverse? **Harvard Business Review**, Boston, v. 63, n. 6, p. 111-119, 1986.

HENDERSON, B. D. **Henderson on Corporate Strategy**. New York: HarperCollins, 1979.

____. **The Logic of Business Strategy**. New York: Ballinger, 1984.

HERRERO FILHO, E. **Balanced Scorecard e a gestão estratégica**: uma abordagem prática. 3 ed. Rio de Janeiro: Elsevier, 2005.

HILLMAN, A. J.; KEIM, G. D. Shareholder Value, Stakeholder Management, and Social Issues: What's the Bottom Line? **Strategic Management Journal**, [Chinchester], v. 22, n. 2, p. 125-139, feb. 2001.

HITT, M. A.; IRELAND, R. D.; HOSKISSON, R. E. **Strategic Management**: Concepts – Competitiveness and Globalization. 11. ed. Cincinnati, Ohio: South-Western College, 2014.

HOOLEY, G. J.; SAUNDERS, J. A. **Posicionamento competitivo**. São Paulo: Makron Books, 1996.

HOOLEY, G. J.; SAUNDERS, J. A.; PIERCY, N. F. **Marketing Strategy and Competitive Positioning**. 3. ed. Harlow: Financial Times; Prentice Hall, 2003.

HOUAISS, A.; VILLAR, M. de S. **Dicionário Houaiss da língua portuguesa**. Disponível em: <http://houaiss.uol.com.br/>. Acesso em: 4 abr. 2017.

HUMPHREY, A. S. **Strategy**: Managing a Downturn. 2005. Disponível em: <http://www.leader-values.com/article.php?aid=510>. Acesso em: 4 abr. 2017.

_____. SWOT Analysis for Management Consulting. **SRI Alumni Newsletter**, Menlo Park, p. 7-8, Dec. 2005. Disponível em: <https://www.sri.com/sites/default/files/brochures/dec-05.pdf>. Acesso em: 4 abr. 2017.

IBGE - Instituto Brasileiro de Geografia e Estatística. **Atlas Nacional digital**. Rio de Janeiro: 2005.

JAMESON, F. **As sementes do tempo**. São Paulo: Ática, 1997.

JARZABKOWSKI, P. Shaping Strategy as a Structuration Process. **Academy of Management Journal**, [Briarcliff Manor], v. 51, n. 4, p. 621-650, Aug. 2008.

JARZABKOWSKI, P.; BALOGUN, J.; SEIDL, D. Strategizing: the Challenges of a Practice Perspective. **Human Relations**, London, v. 60, n. 1, p. 5-27, Jan. 2007.

JENSEN, M. C. Value Maximization, Stakeholder Theory, and the Corporate Objective Function. **Business Ethics Quarterly**, [Cambridge], v. 12, n. 2, p. 235-256, Apr. 2002.

KAGAMI, M. Estratégias para competitividade na produção: o enfoque do leste asiático. **RAE: Revista de Administração de Empresas**, São Paulo, v. 33, n. 5, p. 1-22, set./out. 1993.

KAHNEY, L. **A cabeça de Steve Jobs**: as lições do líder da empresa mais revolucionária do mundo. Tradução de Carlos Irineu da Costa e Maria Helena Lyra. Rio de Janeiro: Agir, 2008.

KALLAS, D. et al. Do Institutions Matter in Latin America?: a Longitudinal Analysis of Institutional Changes on Brazilian Companies Performance. **European Business Review**, [Bradford, UK], v. 27, n. 2. p. 124-147, 2015.

KAPLAN, R.; NORTON, D. **Mapas estratégicos**: Balanced Scorecard – convertendo ativos intangíveis em resultados tangíveis. Tradução de Afonso Celso da Cunha Serra. 7. ed. Rio de Janeiro: Elsevier, 2004.

KATZ, D.; KHAN, R. L. **Psicologia social das organizações**. 3. ed. São Paulo: Atlas, 1987.

KATZ, R. L. Skills of an Effective Administrator. **Harvard Business Review**, [Watertown], v. 52, n. 5, p. 90-102, Sept. 1974.

KEPNER, C. H.; TREGOE, B. B. **Manual de aplicação do sistema Apex II**. Princeton: Princeton Research Press, 1978.

KHANDWALLA, P. N. **The Design of Organizations**. New York: Harcourt Brace Jovanovich, 1977.

KIERKEGAARD, S. **O desespero humano**. São Paulo: M. Claret, 2001.

KING, P. S. **Péricles**. São Paulo: Nova Cultural, 1988. (Coleção Os Grandes Líderes).

KOTLER, P. **Marketing**. São Paulo: Atlas, 1980.

KOTLER, P.; KARTAJAYA, H.; SETIAWAN, I. **Marketing 3.0**: as forças que estão definindo o novo marketing centrado no ser humano. Rio de Janeiro: Elsevier, 2010.

LANDI, M. Un contributo allo studio della scienza nel medio evo: Il trattato Il cielo e il mondo di Giovanni Buridano e un confronto con alcune posizioni di Tommaso d'Aquino. **Divus Thomas**, [S.l.], v. 110, n. 2, p. 151-185, 2007.

LANGLEY, A. Process Thinking in Strategic Organization. **Strategic Organization**, [S.l.], v. 5, n. 3, p. 271-282, Aug. 2007.

LA PIANA, D. **The Nonprofit Strategy Revolution**: Real-Time Strategic Planning in a Rapid-Response World. Saint Paul: Fieldstone Alliance, 2008.

LASH, S.; URRY, J. **Economies of Signs and Space**. London: Sage Publications, 1994.

LAWRENCE, P. R.; LORSCH, J. W. **O desenvolvimento de organizações**: diagnóstico e ação: São Paulo: E. Blücher, 1973.

LAZZARINI, S. G. Strategizing by the Government: Can Industrial Policy Promote Firm-level Competitive Advantage? **Strategic Management Journal**, [Chinchester], v. 36, n. 1, p. 97-112, Jan. 2015.

LAZZARINI, S. G.; BRITO, L. A. L.; CHADDAD, F. R. Conduits of Innovation or Imitation? Assessing the Effect of Alliances on the Persistence of Profits in U.S. Firms. **BAR: Brazilian Administration Review**, Rio de Janeiro, v. 10, n. 1, p. 1-17, mar. 2013.

LEVY, A. R. **Estratégia em ação**: administração estratégica, estratégia competitiva, análise. São Paulo: Atlas, 1976.

LIPOVETSKY, G.; SERROY, J. **A estetização do mundo**: viver na era do capitalismo artista. São Paulo: Companhia das Letras, 2015.

LODI, J. B. O mito do planejamento estratégico. **Folha de S. Paulo**, São Paulo, 24 jun. 1995. Mercado. Disponível em: <http://www1.folha.uol.com.br/fsp/1995/6/24/dinheiro/4.html>. Acesso em: 4 abr. 2017.

LORANGE, P.; VANCIL, R. F. **Strategic Planning Systems**. Englewood Cliffs: Prentice Hall, 1977.

MAQUIAVEL, **O príncipe**. Hunter Books, 2011.

MARCOVITCH, J. Dirigentes para uma sociedade dual. In: ENCONTRO NACIONAL DOS CURSOS DE GRADUAÇÃO EM ADMINISTRAÇÃO – USP/FEA, 2., 1991, São Paulo. **Anais...** São Paulo: Ed. da USP/FEA/DA, 1991. p. 30-49

MARTINS, T. S.; BORTOLUZZO, A. B.; LAZZARINI, S. G. Competição bancária: comparação dos comportamentos de bancos públicos e privados. **Revista de Administração Contemporânea**, Curitiba, v. 18, n. especial, dez. 2014. Disponível em: <http://www.scielo.br/scielo.php?pid=S1415-65552014000700086&script=sci_arttext>. Acesso em: 4 abr. 2017.

MARX, K. **Grundrisse**: Foundations of the Critique of Political Economy. London: Penguin, 1975.

MAY, G. L. **Strategic Planning**: Fundamentals for Small Business. New York: Business Expert Press, 2010.

MAYO, G. E. The Human Effect of Mechanization. **The American Economic Review**, [S.l.], v. 20, n. 1, p. 156-176, Mar. 1930.

_____. **The Human Problems of an Industrial Civilization**. London: McMillan, 1933.

MAYO, G. E. **The Social Problems of an Industrial Civilization**. London: Routledge & Kegan Paul, 1949.

MCGEE, J.; THOMAS, H. Strategic Groups: Theory, Research and Taxonomy. **Strategic Management Journal**, [Chichester], v. 7, n. 2, p. 141-160, Mar./Apr. 1986.

MCGUIRE J. B.; SUNDGREN; A.; SCHNEEWEIS, T. Corporate Social Responsibility and Firm Financial Performance. **Academy of Management Journal**, [Briarcliff Manor], v. 31, n. 4, p 854-872, Dec. 1988.

MEYER, A. D.; GABA, V.; COLWELL, K. Organizing Far from Equilibrium: Nonlinear Change in Organizational Fields. **Organization Science**, [S.l], v. 16, n. 5, p. 456-473, 2005.

MILET, E. B. **ISO 9000**: ao alcance de todos. Rio de Janeiro: CNI/MCG, 1993.

MINTZBERG, H. A criação artesanal da estratégia. In: MONTGOMERY, C. A; PORTER, M. E. (Org.) **Estratégia**: a busca da vantagem competitiva. Rio de Janeiro: Campus, 1998.

_____. Managerial Work: Forty Years Later. In: CARLSON, S. **Executive Behavior**. Uppsala: Academiae Ubsaliensis, 1991.

_____. The Manager's Job: Folklore and Fact. **Harvard Business Review**, Boston, v. 5, n. 4, p. 49-61, 1975.

MINTZBERG, H. **The Nature of Managerial Work**. New York: Harper Collins, 1973.

MINTZBERG, H. et al. **O processo da estratégia**: conceitos, contextos e casos selecionados. 4. ed. Porto Alegre: Bookman, 2006.

MOCIDADE Independente de Padre Miguel. **6 Histórias Brasileiras**. Rio de Janeiro: GNT, 1999. Programa de televisão.

MONTGOMERY, C. A.; PORTER, E. M. **Estratégia**: a busca da vantagem competitiva. Rio de Janeiro: Campus, 1998.

MORAIS, R. Do planejamento à gestão estratégica. **Cadernos de Administração**, Belo Horizonte, v. 1, n. 1, nov. 1992.

MOTTA, F. C. P.; VASCONCELOS, I. F. G. **Teoria geral da administração**. 3 ed. São Paulo: Pioneira Thomson Learning, 2006.

MUSACCHIO, A.; LAZZARINI, S. G.; AGUILERA, R. V. New Varieties of State Capitalism: Strategic and Governance Implications. **Academy of Management Perspectives**, v. 29, n. 1, p. 115-131, Feb. 2015.

NASAR, S. **A imaginação econômica**: gênios que criaram a economia moderna e mudaram a história. São Paulo: Companhia das Letras, 2012.

NEUMANN, J. von; MORGENSTERN, O. **Theory of Games and Economic Behavior**. Princeton University Press, 1944.

NICOLINI, D. **Practice Theory, Work, and Organization**: an Intoduction. Oxford: Oxford University Press, 2012.

NOGUEIRA, L. **Entrevista concedida a Rodrigo Marques de Morais**. Belo Horizonte, Sede do Grupo EPA, fev. 1993.

OLIVEIRA, D. de P. R. de. **Planejamento estratégico**: conceitos, metodologias e práticas. São Paulo: Atlas, 1994.

OLIVEIRA, D. de P. R. de. **Planejamento estratégico**: conceitos, metodologias e práticas. São Paulo: Atlas, 2007.

OLSEN, E. **Strategic Planning Kit for Dummies**. 2. ed. New York: John Wiley & Sons, 2011.

OUCHI, W. **Teoria Z**: como as empresas podem enfrentar o desafio japonês. 10. ed. São Paulo: Nobel, 1986.

PAVA, M. L.; KRAUSZ, J. The Association Between Corporate Social Responsibility and Financial Performance: The Paradox of Social Cost. **Journal of Business Ethics**, [Dordrech], v. 15, p. 321-57, 1996.

PEARCE, J.; ROBINSON, R. **Strategic Management**: Planning for Domestic & Global Competition. 14. ed. New York: McGraw-Hill Education, 2014.

PESCE, B. Originalidade em todos os aspectos. **Blog do Empreendedor**, Estadão PME, 14 jul. 2015. Disponível em: <http://blogs.pme.estadao.com.br/blog-do-empreendedor/originalidade-em-todos-os-aspectos/>. Acesso em: 4 abr. 2017.

PETERS, T. J.; WATERMAN JR., R. H. **In Search of Excellence**: Lessons From America's Best-Run Companies. New York: Harper & Row, 1982.

PETERSON, P. G. **Gray Dawn**: How the Coming Age Wave will Transform America – and the World. New York: Three Rivers Press, 2000.

PETTIGREW, A. M. The Character and Significance of Strategy Process Research. **Strategic Management Journal**, [Chinchester], v. 13, n. S2, p. 5-16, Winter 1992.

PORTER, E. M. **Ascensão e queda do planejamento estratégico**. Porto Alegre: Bookman, 2004.

_____. **Competitive Strategy**: Techniques for Analyzing Industries and Competitors. New York: Free Press, 1980.

PORTER, E. M. **Estratégia competitiva**: técnicas para análise de indústrias e da concorrência. Rio de Janeiro: Campus, 1986.

_____. **The Nature of Managerial Work**. New York: Harper & Row, 1973.

_____. **Vantagem competitiva**: criando e sustentando um desempenho superior. 16. ed. Rio de Janeiro: Campus, 1989.

POWELL, T. C. Competitive Advantage: Logical and Philosophical Considerations. **Strategic Management Journal**, [Chichester], v. 22, n. 9, p. 875-888, Sept. 2001.

PRAHALAD, C. K.; HAMEL, G. The Core Competence of the Corporation. **Harvard Business Review**, [Watertown], v. 68, n. 3, p. 79-91, May/June 1990.

PRIEM, R. L.; LI, S.; CARR, J. C. Insights and New Directions from Demand-Side Approaches to Technology Innovation, Entrepreneurship, and Strategic Management Research. **Journal of Management**, [Briarcliff Manor], v. 38, n. 1, p. 346-374, Jan. 2012.

RATTNER, H. Inovação tecnológica e planejamento estratégico na década de 80. **RAE: Revista de Administração de Empresas**, São Paulo, v. 23, n. 1, jan./mar. 1983.

RESENDE, A. **Entrevista concedida a Rodrigo Marques de Morais**. Belo Horizonte, Campus Coração Eucarístico, Pontifícia Universidade Católica de Minas Gerais, ago. 2004.

REYNOLDS, G. W. **Information Systems for Managers**. Eagan: West, 1988.

RHODES, R. A. W. Understanding Governance: Ten Years On. **Organization Studies**, [S.l.], v. 28, n. 8, p. 1243-1264, Aug. 2007.

RICHERS, R. Elementos para uma teoria de decisões estratégicas. **RA USP: Revista de Administração da Universidade de São Paulo**, São Paulo, v. 17, n. 4, out./dez. 1982.

ROESCH, S. M. A.; ANTUNES, E. di D. O just-in-time e a emergência de um novo cargo: o operador multifuncional. **RA USP: Revista de Administração da Universidade de São Paulo**, São Paulo, v. 25, n. 4, p. 44-53, out./dez. 1990.

ROMANO, L. A. O fim dos "dinossauros" burocráticos. **RBA: Revista Brasileira de Administração**, Brasília, ano IV, v. 10, p. 8-9, maio/ago. 1993.

ROTHAERMEL, F. **Strategic Management**: Concepts. New York: McGraw-Hill; Irwin, 2012.

SALONER, G.; SHEPARD, A.; PODOLNY, J. **Strategic Management**. Hoboken: John Wiley & Sons, 2000.

SAVAGE, L. The Theory of Statistical Decision. **Journal of the American Statistical Association**, [S.l.], v. 46, p. 55-67, 1951.

SCHMIDT, T. **Strategic Project Management Made Simple**: Practical Tools for Leaders and Teams. Hoboken: John Wiley & Sons, 2009.

SCHUMPETER, J. A. **Capitalismo, socialismo e democracia**. Rio de Janeiro: Zahar, 1984.

_____. **Teoria do desenvolvimento econômico**. São Paulo: Abril Cultural, 1982 (Coleção Os Economistas).

SILVA, A. T. B. da; CALDEIRA, C. A.; BANDEIRA-DE-MELLO, R. Formulação e execução de estratégias políticas no setor de etanol: um modelo processual. **RAC: Revista de Administração Contemporânea**, Rio de Janeiro, v. 18, edição especial, p. 22-40, dez. 2014.

SIMON, H. A. Alternative Visions of Rationality. In: ARKES, H.; HAMMONDS, K. (Ed.). **Judgement and Decision Making**. Cambridge: Cambridge University Press, 1986.

SIMON, H. Making Management Decisions: The Role of Intuition and Emotion. **Academy of Management Executive**, [S.l.], v. 1, n. 1, p. 57-64, Feb. 1987.

_____. On How to Decide What to Do. **The Bell Journal of Economics**, v. 9, n. 2, p. 494-507, 1978.

_____. Prediction and Prescription in Systems Modeling. **Operations Research**, [S.l.], v. 38, n. 1, p.7-14, Feb. 1990.

_____. Rational Decision Making in Business Organizations. **American Economic Review**, [S.l.], v. 69, n. 4, p. 493-513, 1979.

_____. Rationality Gone Awry?: Decision Making Inconsistent with Economic and Financial Theory. **Business Economics**, v. 34, n. 3, p. 93-94, 1999.

_____. **The New Science Of Management Decision**. New York, NY: Harper and Row, 1960.

SIMON, H. A. et al. Decision Making and Problem Solving. **Management Science**, [S.l.], v. 17, n. 5, p.11-21, 1987.

SMITH, R. D. **Strategic Planning for Public Relations**. 4. ed. New York: Routledge, 2013.

SOARES, C. M. B. Métodos e técnicas para a gestão da qualidade e da produtividade. **RA USP: Revista de Administração da Universidade de São Paulo**, São Paulo, v. 28, n. 1, p. 81-85, jan./mar. 1993

STANFORD ENCYCLOPEDIA OF PHILOSOPHY. **Medieval Philosophy**. Revision 2009. Disponível em: <http://plato.stanford.edu/entries/medieval-philosophy/>. Acesso em: 4 abr. 2017.

STEINER, G. **Top Management Planning**. New York: Macmillan, 1969.

STONEHOUSE, G.; SNOWDOWN, B. Competitive Advantage Revisited: Michael Porter on Strategy and Competitiveness. **Journal of Management Inquiry**, [S. l.], v. 16, n. 3, p. 256-273, sept. 2007.

STÜRMER, A.; SILVA, G. P. D. da. Do DVD ao online streaming: a origem e o momento atual do Netflix. In: ENCONTRO NACIONAL DE HISTÓRIA DA MÍDIA, 10., 2015, Porto Alegre. **Anais...** Porto Alegre: UFRGS, 2015.

SUGO, A. I. Administração japonesa. **RAE: Revista de Administração de Empresas**, São Paulo, v. 30, n. 4, out./dez. 1990.

TAYLOR, F. W. **The Principles of Scientific Management**. 6 ed. New York: Harper & Brothers, 1911.

TEECE, D. J.; PISANO, G.; SHUEN, A. Dynamic Capabilities and Strategic Management. **Strategic Management Journal**, [Chichester], v. 18, n. 7, p. 509-533, Aug. 1997.

TEIXEIRA, D. L. P. Círculos de controle de qualidade: um estudo de caso no Brasil e uma avaliação da experiência francesa. **RAE: Revista de Administração de Empresas**, São Paulo, v. 30, n. 4, p. 31-39, out./dez. 1990.

THAMER, R.; LAZZARINI, S. G. Projetos de parceria público-privada: fatores que influenciam o avanço dessas iniciativas. **RAP: Revista de Administração Pública**, Rio de Janeiro, v. 49, n. 4, p. 819-846, jul./ago. 2015. Disponível em:

<http://www.scielo.br/pdf/rap/v49n4/0034-7612-rap-49-04-00819.pdf>. Acesso em: 4 abr. 2017.

THOMPSON JR., A. A.; STRICKLAND III, A. J. **Planejamento estratégico**: elaboração, implementação e execução. São Paulo: Pioneira, 2000.

TOFFLER, A. **A empresa flexível**. 7. ed. Rio de Janeiro: Record, 1985.

_____. **A terceira onda**: a morte do industrialismo e o nascimento de uma nova civilização. 30. ed. Tradução de João Távora. Rio de Janeiro: Record, 2007.

TOLEDO, J. C. de. Qualidade, estrutura de mercado e mudança tecnológica. **RAE: Revista de Administração de Empresas**, São Paulo, v. 30, n. 3, p. 33-45, jul./set. 1990.

TONELLI, M. J. Produção de sentidos: tempo e velocidade nas organizações. **RAP: Revista de Administração Pública**, Rio de Janeiro, v. 37, n. 1, p. 33-50, jan./fev. 2003.

TREGOE, B. B; ZIMMERMAN, J. W. **A estratégia da alta gerência**. Rio de Janeiro: J. Zahar,1982.

TZU, S. **A arte da guerra**. Porto Alegre: L&PM, 2006.

VAN DE VEN, A. H. Suggestions for Studying Strategy Process: a Research Note. **Strategic Management Journal**, [Chichester], v. 13, n. S1 (Special Issue), p. 169-188, Summer 1992.

VELOSO, C. Fora de ordem. Intérprete: Caetano Veloso. In: _____. **Circuladô**. Rio de Janeiro: Phonogram; Philips,1991. Faixa 1.

VIRILIO, P. **A arte do motor**. São Paulo: Estação Liberdade, 1996.

WADDOCK, S.; GRAVES, S. The Corporate Social Performance: Financial Performance Link. **Strategic Management Journal**, [Chichester], v. 18, n. 4, p. 303-319, 1997.

WALD, A. **Statistical Decision Functions**. New York: John Wiley & Sons, 1950.

_____. Statistical Decision Functions Which Minimize the Maximum Risk. **The Annals of Mathematics**, [S.l.], v. 46, n. 2, p. 265-280, 1945.

WEBER, M. **A ética protestante e o espírito do capitalismo**. Tradução de José Marcos Mariani de Macedo. São Paulo: Companhia das Letras, 2004.

_____. **Sociologia**. São Paulo: Atlas, 1979.

WHEELEN, T. L. et al. **Strategic Management and Business Policy**: Globalization, Innovation and Sustainablility. 14. ed. EUA: Prentice Hall, 2014.

WILLIAMSON, O. E. Comparative Economic Organization: The Analysis of Discrete Structural Alternatives. **Administrative Science Quarterly**, [Ann Arbor], v. 36, n. 2, p. 269-296, June 1991.

_____. The Economics of Organization: the Transaction Cost Approach. **The American Journal of Sociology**, [Chicago], v., 87, n. 3, p. 548-577, Nov. 1981.

WOOD, S. A administração japonesa. **RA USP: Revista de Administração da Universidade de São Paulo**, São Paulo , v. 26, n. 3, p. 78-84, jul./set. 1991.

XAVIER, W.; BANDEIRA-DE-MELLO, R.; MARCON, R. Institutional Environment and Business Groups' Resilience in Brazil. **Journal of Business Research**, [S. l.], v. 67, n. 5, p. 900-907, May 2014.

Respostas

Os casos propostos neste livro são para fins de fixação de conteúdo e, na maioria das vezes, requerem que você, leitor, reflita sobre os tópicos estudados e decida por si próprio qual é a melhor avaliação a fazer. Por isso, acreditamos ser extremamente difícil estabelecer uma relação de respostas prontas com a indicação de alternativas certas ou erradas, com exceção das atividades que integram a seção "Questões para revisão".

Este livro é uma construção conjunta entre escritores e leitores, inviabilizando qualquer abordagem "enlatada" e definitiva. Por isso, apresentaremos, a seguir, apenas sugestões de respostas para alguns exercícios. As resoluções dos demais devem ser desenvolvidas pelo próprio leitor, como mencionamos, cabendo a ele participar ativamente do processo decisório, de modo a sentir-se parte integrante do ato de planejar, tal e qual nas empresas, devendo para isso, recorrer ao vasto material aqui condensado para avaliar as possibilidades de decisão.

Isso se dá porque sabemos que não existem respostas corretas, nem o melhor planejamento, nem mesmo a estratégia mais eficaz. A conjuntura, a leitura dos cenários macro e microeconômicos, as singularidades envolvidas na proposição de objetivos e até mesmo as características intrínsecas do tomador de decisões (neste caso, o leitor desta obra) interferem no planejamento traçado.

Por essa razão, julgamos que seria pedante, imprudente e insensato de nossa parte indicar o que está certo ou errado em cada questão. Não corresponderia à dura realidade de desenvolver estratégias assaz discutidas e delineadas nesta obra. Sabemos que os erros compõem o processo de planejar, e a metodologia apresentada neste livro visa mitigar essa possibilidade de aventura sem fronteiras, que eleva o ato de formular estratégias ao estado da arte e da alquimia.

O modelo RMM foi criado justamente para fornecer uma racionalidade lógica ao planejamento estratégico empresarial, propondo uma gama de variáveis e etapas a serem seguidas, mas jamais se pautou pela pretensão de dar respostas simplórias para um campo tão vasto e diverso da realidade corporativa.

Diante disso, tratamos esta seção mais como um novo capítulo de reflexão sobre as atividades propostas nesta obra do que como um formulário de respostas fechadas, tal como exigiria um jogo de palavras cruzadas. Planejar é transcender a mera demarcação de alternativas precisas – A ou B? – e consiste, basicamente, na internalização por parte da empresa de como o ambiente externo pode impactar as ações da firma, afetando sua sobrevivência e sua sustentabilidade futura. Que as ações e as decisões presentes sejam resultado de uma leitura adequada desse contexto e garantam maior vantagem competitiva e perenidade para as organizações.

Capítulo 2

Estudo de caso: Mocidade Independente de Padre Miguel

Questões para revisão

1. a
2. e
3. d
4. c
5. e

Capítulo 3

Estudo de caso: Reflexão sobre Maquiavel

Questão para revisão

Este é um daqueles casos sem respostas fechadas. Ele se destina a propiciar a discussão acerca dos valores (último item da modelagem), já que cada leitor pode optar por uma alternativa diferente, levando em consideração os valores que são inerentes a cada um, não sendo obrigatório, portanto, um alinhamento pessoal, mas grupal ou organizacional dentro do "sistema empresa".

Alternativas que seriam descartadas:

a. Os fins justificam os meios.

   Esta é uma característica do líder burocrático: focalizar somente os resultados, mesmo que, para isso, tenha de agir de forma pouco ética no presente, por exemplo, o que não é uma boa alternativa para um líder empreendedor.

d. É mais seguro ser temido do que amado.

   Um líder empreendedor necessita do carisma para implementar suas inovações e busca proximidade com os colaboradores.

e. O mal se faz de uma só vez; o bem, aos poucos.

h. Não se afastar do bem, mas, se necessário, enveredar pelo mal.

   Acreditamos que um líder empreendedor deve sempre mirar fazer o bem, principalmente para alcançar os objetivos propostos. Seguir a trilha da maldade só faz com que os *stakeholders* da empresa permaneçam distantes. Ter bom relacionamento com eles é fundamental no processo de maximizar resultados e adquirir vantagem competitiva.

k. Não é necessário possuir as qualidades que demonstramos, basta apenas aparentá-las.

   Ter capacidade e qualidade é fundamental, nenhum líder sobrevive ao tempo se todas as suas virtudes forem apenas aparências e não uma realidade efetiva. Daí, na contemporaneidade, a necessidade de aprimorar, reciclar, fazer novos cursos, estar constantemente estudando para aperfeiçoar a forma de liderar, atingir metas e cobrar resultados.

Características que seriam mantidas:

b. Não existe vitória sem sacrifício.

f. Paciência é indispensável, assim como a ação decidida.

Persistir é fundamental no meio empresarial, principalmente para um líder empreendedor, que muitas vezes propõe inovações que causam rupturas e que, normalmente, levam tempo para se tornarem realidade. Nem sempre os resultados chegam no curto prazo, por isso acreditar na ideia e na força da equipe de trabalho pode ser a chave do sucesso futuro, e superar as adversidades é fundamental nesse processo.

c. Não se multiplica sem se dividir.

É preciso compartilhar, integrar os colaboradores envolvidos, buscar parcerias e incentivar a participação da equipe no processo decisório. Ao dividir, pode-se evoluir, melhorar e alcançar resultados mais satisfatórios.

g. As pessoas trilham quase sempre caminhos já percorridos.

Ter conhecimento dessa máxima é essencial, dado que pode incentivar a inovação, a pesquisa e o desenvolvimento como forma de superar a concorrência, que, geralmente, permanece fazendo as mesmas coisas. Isso pode ser utilizado pelo líder também para envolver os colaboradores da empresa e propor a eles que não permaneçam sempre na mesma trajetória, dada a necessidade de buscar caminhos novos.

i. É preciso ser raposa para conhecer os laços e leão para aterrorizar os lobos.

j. Virar conforme o vento da fortuna e a mutabilidade das coisas.

Já ressaltamos anteriormente que somente a mudança é permanente no planejamento estratégico e na gestão empresarial (uma perfeita metamorfose ambulante). É preciso construir parcerias duradouras e, ao mesmo tempo, demonstrar força e vigor em relação aos concorrentes, adaptar as circunstâncias do ambiente e buscar nele lacunas e oportunidades. Quem não se renova não sobrevive.

l. Melhor ser impetuoso do que circunspecto, pois a sorte é mulher e, para dominá-la, é preciso contrariá-la.

Um líder empreendedor deve saber correr riscos para encontrar novas soluções, criar produtos e serviços inovadores ou até mesmo modelos de gestão eficientes. É necessário ser impetuoso, saber conviver com a possibilidade de fracassar, mas almejar estar na frente e não se entranhar na mesmice dos líderes burocráticos que zelam pela perpetuação das práticas vigentes (muitas das vezes, já em decadência).

m. Não se pode, nem se deve, guardar a palavra dada quando as causas que a determinaram cessarem.

Um contrato foi assinado em determinado contexto ou situação; passados alguns anos, percebe-se que ele já não funciona e não atende mais aos propósitos da firma. O contrato será mantido? As condições mudaram, o ambiente é outro, o que fazia sentido no ato de sua assinatura hoje já não gera mais benefícios, então, não há mal nenhum em cessá-lo, alterá-lo ou substituí-lo. O que não vale é ficar preso a algo ou a um cenário que não se faz mais presente. Mudar: eis a grande solução.

n. Quanto maior for o mal, mais urgente será a retribuição do bem; para evitar a revolta, deve haver insubordinação e rupturas irremediáveis.

Principalmente para lidar com os *stakeholders*, em especial, os colaboradores da empresa. Manter um bom clima, mesmo que alguém tenha feito algo de ruim para o líder ou gestor, é de extrema relevância para evitar ações equivocadas. Semear boas relações com aqueles que trabalham na empresa é de grande valia para melhorar os resultados e gerar confiança nos trabalhos.

Como destacamos, suas respostas podem divergir das aqui apresentadas. Uma boa solução é justificar as escolhas exercidas no parágrafo final ou, então, abaixo de cada tópico, como fizemos.

Questões para revisão

1. e
2. e
3. e
4. c
5. e

6. b

7. b

Capítulo 4

Estudo de caso: Arturo's: uma rede de *fast-food*

Questões para revisão

1. d, g
2. a, b, c, d, e, f
3. b, d, e, f
4. a, c, f, g
5. a, b, c, d, e
6. a, e, f

Capítulo 7

Estudo de caso: Embracoco

Proposição de planejamento estratégico da Embracoco conforme o modelo RMM

EMBRACOCO	
Empresa Brasileira de Derivados de Coco	
Suprir as demandas de consumo de derivados de coco do mercado interno e externo por meio do cultivo, da industrialização e da distribuição desses produtos com qualidade, diferenciação e lucratividade.	
Ameaças	Oportunidades
A – Concorrência.	D – Legislação tributária e fiscal.

(continua)

(conclusão)

B – Variação climática.	E – Tendências de consumo.
C – Nível de necessidade existente.	F – Potencial de crescimento do número de consumidores.
Pontos fracos	**Pontos fortes**
G – Verba destinada à propaganda e à promoção.	J – Localização da planta.
H – Centralização.	K – Nível de qualidade da matéria-prima.
I – Existência de resultados de consultorias externas.	L – Posição diferenciada em relação à concorrência.
Objetivos	
Cenário pessimista	**Cenário otimista**
Sobreviver com produtos existentes e com novos produtos nos mercados já atendidos.	Crescer com produtos existentes e com novos produtos nos mercados existentes e em novos mercados.
Estratégias	
Estabelecer parcerias e estratégia de preço.	Atuar em novos mercados.
Adequar força e pontos de venda.	Ampliar linha de produtos.
Destacar o diferencial em relação aos produtos da concorrência.	Expandir capacidade instalada.
Induzir consumidor ao experimento.	Criar novos produtos.
Reduzir custos diretos e indiretos.	Inovar processos produtivos.
Melhorar processos produtivos.	Melhorar critérios de avaliação de desempenho.
Controlar fluxo de caixa.	Estabelecer novos pontos de venda.

Estudo de caso 7.2: EPA

Questões para revisão

1. c

2. e (Somente tomadas em conjunto as estratégias seriam capazes de gerar o resultado verificado.)

3. e (A alta administração estava focada em segmentação de mercado e em *mix* reduzido.)

4. d

5. e

6. d

7. d

Capítulo 8

Estudo de caso: O exército virtual (Tradicom)

O objetivo desse estudo de caso e das questões que dele derivam não é jogar o xadrez, mas colocar as peças em seu lugar certo.

Este é um exercício para o leitor ver como se "fratura" um caso qualquer, quebrando-o em partes de acordo com a modelagem para acelerar a participação dos interessados. Marque o que julgar melhor, conforme o conteúdo abordado no livro.

Estudo de caso: 5àsec

Apresentamos a seguir uma modelagem para a empresa 5àsec em Belo Horizonte. Você pode utilizá-la como referência para responder às questões propostas no livro. Reiteramos que as respostas podem divergir e esta é apenas uma das formas de modelar o planejamento estratégico da 5àsec.

5àsec	
Identidade	
Superar as expectativas e, assim, encantar o público-alvo da zona sul de Belo Horizonte, por meio da prestação de serviços personalizados de tratamento de roupas de qualidade, com foco na lavação a seco e na passadora a frio, enfatizando a qualidade, a rapidez, a tecnologia e a competitividade.	
Ameaças	**Oportunidades**
A – Queda do poder aquisitivo da população.	D – Potencial de crescimento do número de consumidores.
B – Entrada de novos concorrentes.	E – Implementação de parcerias.
C – Sazonalidade da demanda.	F – Mudança de hábito dos consumidores.
Pontos fracos	**Pontos fortes**
G – Conforto.	J – Localização.
H – *Mix* restrito.	K – Imagem preço baixo.
I – Limpeza.	L – Participação.
Objetivos	
Cenário pessimista	**Cenário otimista**
Recessão/inflação.	Retomada do crescimento.
Manter mercados e produtos.	Crescer com produtos existentes e com novos produtos nos mercados existentes e em novos mercados.

(continua)

(conclusão)

Estratégias	
Reduzir custos.	Diversificar mercados.
Treinar.	Ampliar *mix* de produtos.
Atualizar tecnologicamente.	Atualizar-se tecnologicamente.
Reinvestir 75% do lucro líquido.	Profissionalizar colaboradores.

Estudo de caso: Consumerismo e ecologismo

Cada leitor deve decidir que empresa criar e quais características ponderar no caso. Um conselho: considere a identidade da empresa.

Capítulo 9

Estudo de caso: Netflix

Tempos modernos: filmes diretamente na TV. Não há mais necessidade de ir à locadora ou fazer *download* pela internet. Esse estudo de caso é extremamente atual e considera o contexto internacional no que tange à tecnologia, à inovação e aos vultosos capitais disponibilizados para investimentos nessa área. Sem respostas prontas, este é mais um caso cuja análise você pode enriquecer com suas valiosas contribuições e que pode direcionar seu olhar para a árdua tarefa do planejamento estratégico. Esperamos que todo o vasto arcabouço teórico e os estudos de caso apresentados sirvam de orientação para a resolução deste último caso. Mergulhe com mais tranquilidade na arte de implementar estratégias!

Sobre os autores

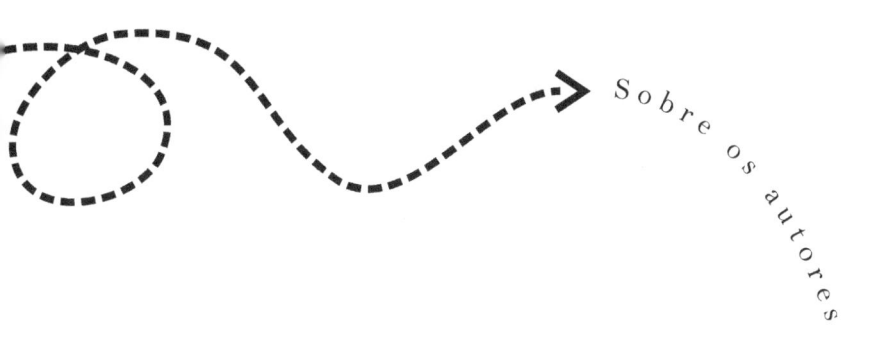

Rodrigo Marques de Morais é mestre em Organização e Recursos Humanos pela Universidade Federal de Minas Gerais (UFMG), com especialização em Administração pela Fundação João Pinheiro em conjunto com a Graduate School of Business of Columbia University (New York) e em Administração de Inovações pela Pontifícia Universidade Católica de Minas Gerais (PUC Minas). Tem graduação em Administração pela UFMG. Trabalhou com Planejamento Estratégico durante dez anos na Usiminas – empresa multinacional do ramo siderúrgico – e também atuou como profissional em corretoras de valores e instituições de ensino. Atualmente, é sócio majoritário da Capacitar Ltda. e professor adjunto de Planejamento Estratégico da PUC Minas.

Thiago de Sousa Barros é professor assistente do curso de Ciências Econômicas da Universidade Federal de Ouro Preto (Ufop), doutorando em Administração (Área de Concentração: Finanças) pela Fundação Getulio Vargas (FGV-Eaesp) e mestre em Contabilidade e Finanças pela Faculdade de Economia da Universidade de Coimbra. Possui graduação em Administração pela Pontifícia Universidade Católica de Minas Gerais (PUC-MG) e aperfeiçoamento em Ciências Econômicas pela Universidade Federal de Minas Gerais (UFMG). Foi *visiting scholar* na Universiteit van Amsterdam (Amsterdam Business School), e *visiting research fellow* na Freie Universität Berlin (Lateinamerika-Institut) e na Universidad del Desarrollo en Chile (Facultad de Economía Y Negócios - Santiago). Atua como membro da American Finance Association, da Association Française de Finance, da African Finance and Economic Association e do Observatório da Inovação Financeira da Fundação Getulio Vargas (Eaesp). É também revisor de diversos periódicos nacionais e internacionais.

Os papéis utilizados neste livro, certificados por instituições ambientais competentes, são recicláveis, provenientes de fontes renováveis e, portanto, um meio responsável e natural de informação e conhecimento.

FSC
www.fsc.org
MISTO
Papel produzido
a partir de
fontes responsáveis
FSC® C103535

Impressão: Reproset
Março/2018